KB066215

문화로 보는 중국

문화로 보는 중국

윤창준 교수의 90일간 중국 문화 엿보기

•글 윤창준•

어문학사

서문

중국은 개혁·개방 정책을 실시한 지 40년도 채 안 되어 G2가 되었습니다. 현재 전 세계는 중국의 성장을 눈여겨보고 있으며, 중국과 중국인, 그리고 그들의 문화를 연구하기 위하여 많은 노력을 하고 있습니다.

인접국인 우리나라로서도 중국의 변화와 발전은 매우 민감한 문제고, 중국, 중국인 그리고 그들의 문화를 이해하는 것은 매우 중요하다고 생각합니다.

이 책은 계명·공자아카데미의 후원으로 2013년도부터 2014년에 거처 TBC 대구방송 드림 FM에서 「중국 문화 산책」이란 프로그램으로 90일간 방송한 내용을 책으로 엮은 것입니다.

이 책에서는 중국의 자연지리와 인문지리부터 우리나라 사람들이 중국을 이해하기 위하여 알아야 하는 중국의 소수 민족, 언어와 문자, 명절과 풍습, 여성과 결혼, 장례 문화, 요리 문화, 차와 음주 문화, 경극, 금기사항 등 중국 문화 전반에 대해서 다루었습니다.

가까운 나라이면서 세계적 위상이 급부상하는 중국을 이해하려면 우선 그들의 문화를 이해해야 합니다. 그들 문화에 대한 전반적 이해는 결국 知彼知己며, 이를 통하여 우리는 중국인들과의 교류·협력을 성공적으로 이끌어내야 할 것입니다.

시간과 편폭의 제한으로 내용상 부족한 부분이 많지만, 이 책에서 소개하는 내용만큼은 한국의 독자들이 이해하였으면 하는 바람으로 출판을 결심하였습니다.

까다로운 편집 과정을 기꺼이 해주신 어문학사 윤석전 사장님, 멋진 목소리로 프로듀싱 해주신 TBC 장진영 아나운서, 이 책의 자료 수집을 도와준 우리 학과 대학원 박사과정 범신성, 정로에게 감사합니다.

아울러 늘 바쁜 남편을 이해하고 지지해준 사랑하는 아내 승연과 자녀 성원, 종원에게도 감사의 마음을 전하고 싶습니다.

아무쪼록 부족한 이 한 권의 책이 우리나라 사람들이 중국을 보다 잘 이해하는 데 조금이나마 보탬이 되었으면 하는 바람입니다.

2014년 6월

스미스관에서 저자 登濟 삼가 씀.

§ 차례 §

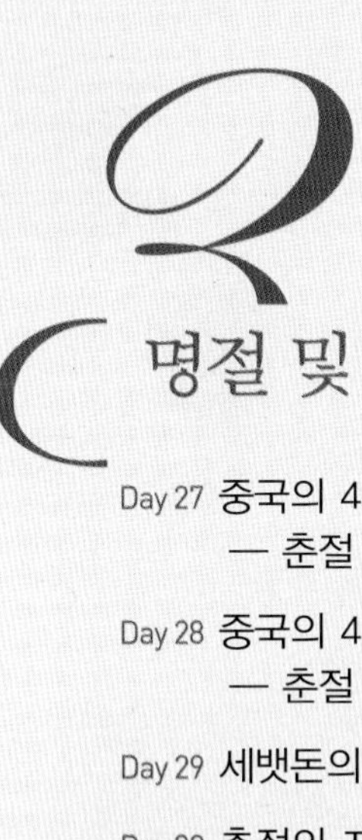

명절 및 풍습

여성과 결혼, 장례 문화

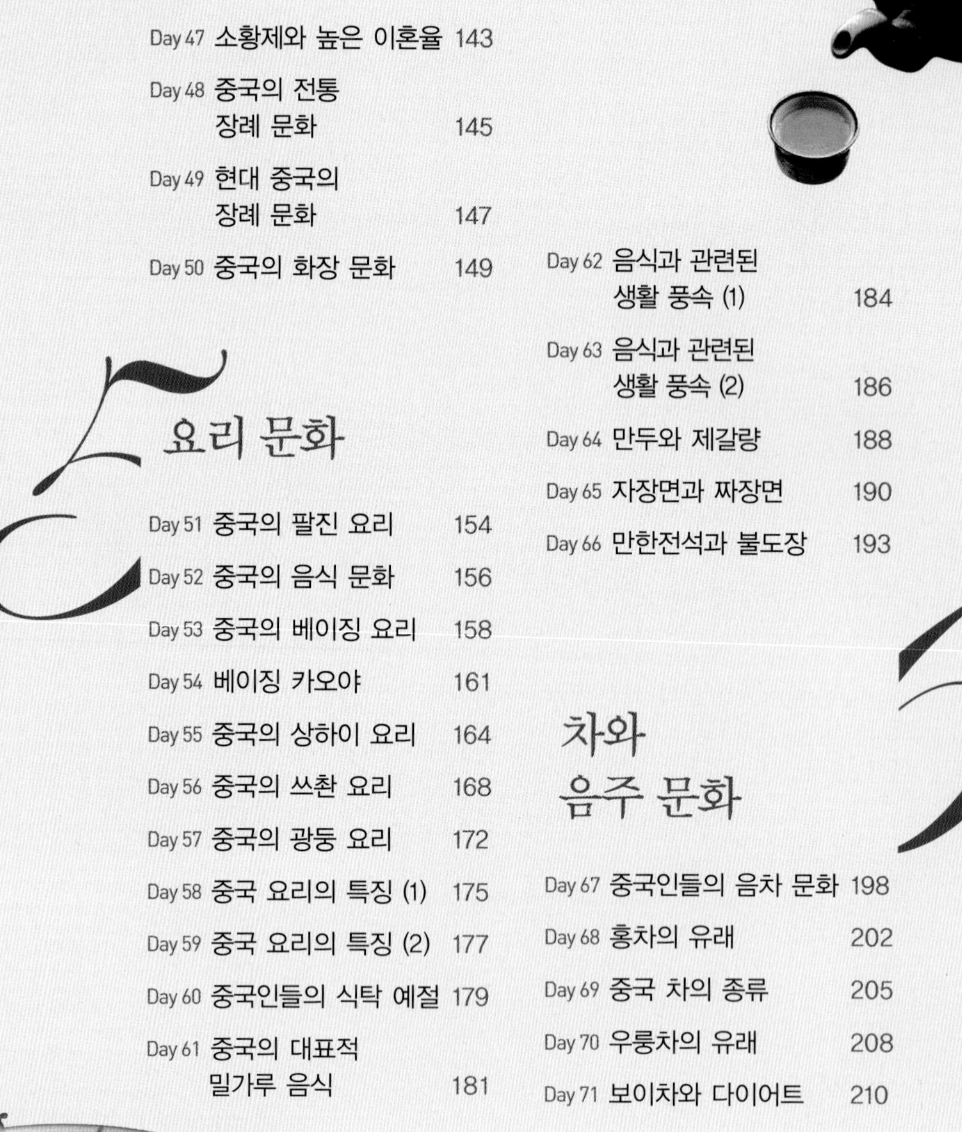

5 요리 문화

6 차와 음주 문화

7 중국 문화 다양한 이야기

자연 환경

Day 01

중국의 자연지리

안녕하십니까. 오늘부터 여러분과 중국 문화를 산책할 계명대학교 중국학과 윤창준 교수입니다. 이 시간은 여러분과 함께 가벼운 마음으로 산책하듯이 중국 문화 전반에 대해서 살펴 볼 것입니다. 아무쪼록 이 시간이 여러분에게 유익하고 즐거운 산책이 되길 바랍니다.

오늘 소개하고 싶은 내용은 중국의 자연지리입니다.

'중국', 하면 우선 떠오르는 이미지가 아마도 '넓다'일 겁니다. 중국인들도 스스로 태어나서 죽을 때까지 못해 보는 게 세 가지가 있는데, 그중에 하나가 중국을 다 돌아보지 못하는 것이라 합

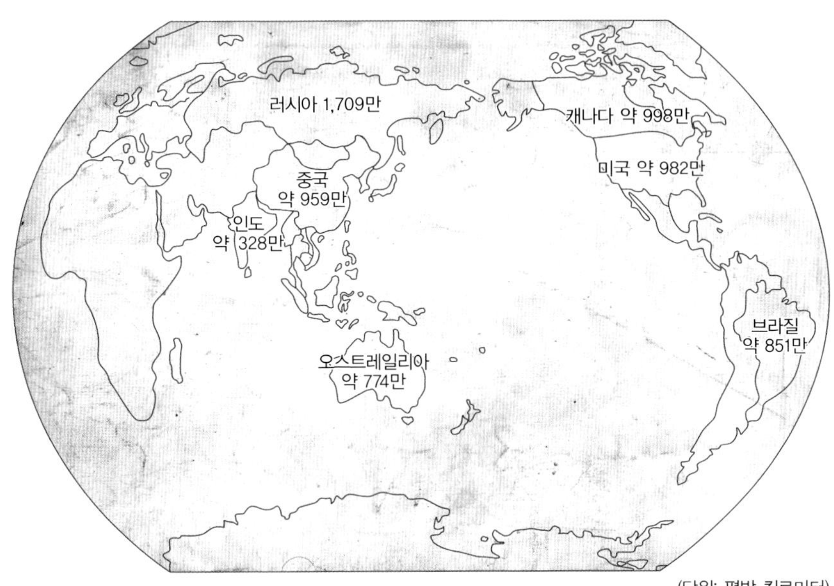

(단위: 평방 킬로미터)

▲ 세계 주요 국가의 국토 면적

니다. 그만큼 중국 땅이 넓다는 뜻이겠지요.

잘 아시다시피 세계에서 가장 넓은 나라는 러시아, 그다음은 캐나다, 그다음이 바로 중국입니다. 쉽게 말씀드리면, 한반도의 44배, 대한민국의 100배 정도입니다. 또한, 유럽 전체를 합한 것보다도 더 넓은 게 중국입니다.

최동단인 헤이룽장黑龍江과 우수리 강烏蘇里江이 만나는 곳에서부터 최서단인 파미르 고원Pamir Plat까지가 대략 5,200㎞, 최북단인 헤이룽장 성黑龍江省 막하에서 최남단인 난사군도南沙群島의 청무안사曾母暗沙까지가 대략 5,500㎞나 되는 거대한 땅입니다. 여기서 한 가지 재미있는 사실은 동서 길이가 약 5,200㎞나 되니, 경도 차

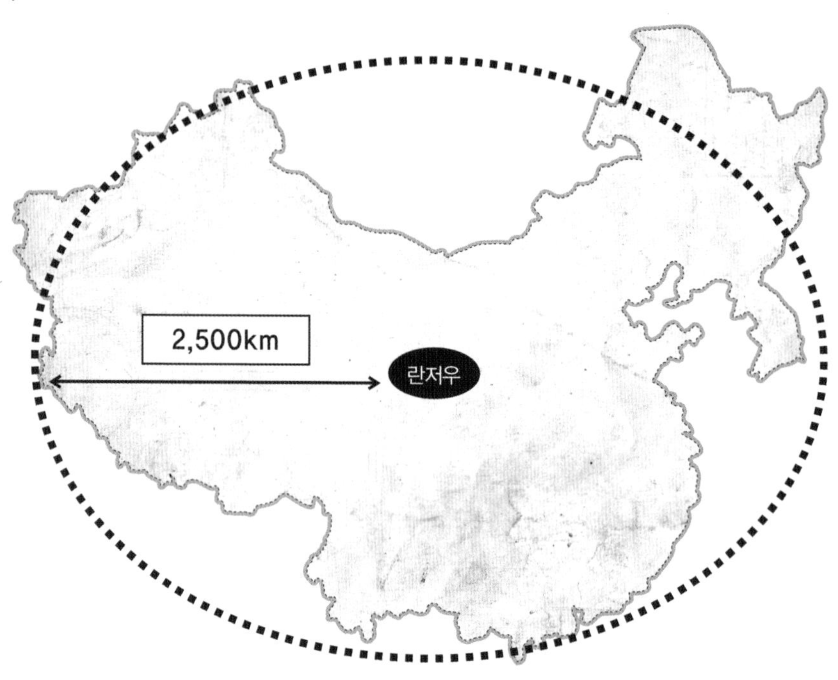

이는 약 62도고, 경도 15도마다 1시간의 시차가 생기므로, 최동단과 최서단의 시차가 거의 4시간 정도 난다는 것입니다. 그러나 현재 중국은 베이징 시간을 중심으로 전국을 단일시간제로 운영하고 있습니다. 간단히 상상하여 보시면 저 동해에 사는 어민이 아침에 일어나 일출을 보며 고기를 잡으러 나갈 때, 파미르 고원은 아직 별들이 총총한 새벽으로, 유목민들은 아직도 깊은 잠에 빠져 있는 겁니다. 그런데 동일한 시간제를 사용하니 불편함이 많을 것으로 생각합니다.

중국의 중심은 간쑤 성甘肅省 란저우蘭州 부근입니다. 즉 란저우를 중심으로 원을 그리면 반지름이 2,500km인 큰 원이 그려지는데, 이 원안에 중국의 영토가 포함됩니다.

땅이 넓다는 것은 국가를 운영하는 데 매우 유리한 점이 많습니다. 그중에서도 특히 우리가 눈여겨보아야 할 부분은 그 넓은 땅덩이 속에 묻혀 있는 광대한 지하자원입니다. 현재 등록된 지하자원 150종 가운데 중국에 묻혀 있는 지하자원은 148종이라고 합니다. 향후 중국을 이끌어갈 중요한 원동력인 셈이죠.

오늘 세계지도를 펼쳐놓고 중국이란 거대한 땅을 한번 살펴보시기 바랍니다. 내일부터 우리는 본격적으로 중국 문화를 산책하려고 합니다. 아무쪼록 중국을 이해하는 데 도움되는 시간이길 바랍니다.

Day 02

중국은 얼마나 넓은가

우리는 어제 중국이 얼마나 넓은가에 대해서 살펴보았습니다.

중국은 남북으로 5,200㎞나 되는 넓은 땅이다 보니, 기후 역시 다양합니다. 저 북쪽은 한대에 속하고 남쪽 지역은 아열대에 속합니다. 우리나라는 가장 더운 대구의 날씨도 서울과 비교할 때 불과 5도 정도밖에 차이가 안 나지만, 중국은 최북단이 영하 20도일 때 최남단은 영상 30도에 육박하는 더운 날씨입니다.

그러다 보니 문화 역시 매우 다양합니다. 해안가에 사는 사람들과 깊은 산 속에 사는 사람들의 문화가 다르고, 추운 지역에 사는 사람들과 더운 지역에 사는 사람들이 만들어 낸 문화 역시 다를 수밖에 없습니다.

알타이산맥
파미르고원
베이징
(정치 중심)
보하이渤海
황해黃海
황허 강
상하이(경제 중심)
히말라야산맥
창장 강
운귀고원雲貴高原
타이완해협
臺灣海峽
타이완산맥
臺灣山脈
광저우
타이완臺灣
홍콩
태평양
벵골만
하이난海南島
남해南海
난사군도南沙群島
타이만
청우안사
曾母暗沙

▲ 중국 지형도

그러다 보니 우리는 중국 문화를 언급할 때 자주 북방 문화, 남방 문화로 구분하여 얘기하곤 합니다. 즉 중국이라는 하드웨어가 가지고 있는 지리적인 차이가 소프트웨어에 속하는 중국의 문화적 요소에도 큰 영향을 주게 된 것입니다.

우선 중국의 실력 있는 정치 집단은 주로 북방에서 나왔습니다. 따라서 수도는 주로 북방에 위치하였고, 중국의 병합과 통일을 위한 전쟁도 주로 북방 지역에서 많이 이루어졌습니다.

반면 남방은 물산이 풍부하고 기후가 온화하여 경제가 발전할 수 있는 토대가 되었습니다. 남방 사람들은 말투가 비교적 완곡한 반면, 북방 사람들은 솔직하고 직설적인 편입니다.

또한 남방은 주로 쌀을 주식으로 하지만, 북방은 쌀농사가 힘들었기 때문에 대신 밀을 주식으로 합니다. 남방 사람들은 단 음식을 좋아하지만, 북방 사람들은 짠 음식을 좋아합니다.

남방의 건축물은 개방적인 데에 비하여 북방의 건축물은 폐쇄적입니다. 남방은 경제가 발달했지만, 북방은 정치문화가 발달하였습니다.

그래서 우리가 짧은 기간 동안 중국의 어느 한 지역만을 보고, 중국은 이렇다, 저렇다 이렇게 섣불리 판단하는 것은 잘못된 것입니다. 중국 전체를 보고, 그들의 문화 전반에 대한 이해가 있어야 중국이란 나라와, 중국사람들을 잘 이해할 수 있습니다.

Day 03

중국의 지형 (1)

오늘은 중국 지형을 소개할까 합니다.

우선, 중국은 내륙으로 약 22,800㎞에 달하는 국경선에 15개 국가와 국경을 접하고 있습니다. 세계에서 이런 나라를 찾아보기 힘든데, 이는 그만큼 중국의 면적이 넓다는 것을 의미합니다.

중국 동쪽으로는 북한이 있고, 동북쪽과 북서쪽으로는 러시아, 몽골, 카자흐스탄, 키르기스스탄, 타지키스탄과 접경하고 있습니다. 서쪽으로는 아프가니스탄, 파키스탄, 인도, 네팔, 부탄이 있고, 남쪽으로 미얀마, 라오스, 베트남과 국경을 접하고 있습니다.

이는 문화적으로 볼 때 문화의 다양성을 의미합니다. 예를 들어 베트남과 인근 한 지역에 사는 중국사람들은 베트남의 문화를 수용하고, 또 중국의 문화를 베트남에 전파합니다.

▲ 중국 전도. 육지와 해양을 경계로 많은 나라와 국경을 접하고 있다.

중국의 구조는 유라시아 대륙판이 동쪽 또는 남쪽으로 이동 중에 태평양과 접촉하여 생긴 것이라고 합니다. 또한, 중국 남서부는 북쪽으로 이동하는 인도양 판과 접촉한 것으로 보입니다. 중국은 지형학적으로 크게 동부와 서부로 구분하는데, 두 지역 모두 지질구조는 과거 지질 환경과 지각 구조 운동이 다양하게 나타난 결과이며, 이로써 현재 경관이 다양하고 광물 자원 종류도 광범위합니다.

광활한 중국의 영토는 천차만별의 다양한 대자연의 모습을 보이고 있습니다. 고산과 빙천이 있는가 하면, 사막과 평원, 호수와 삼림 등 온갖 유형의 지형을 고루 갖추고 있습니다.

특히 전체 면적의 2/3가 산지와 구릉, 고원으로 이루어져 있어서 토지 이용에는 다소 한계가 있습니다. 더욱이 고도 500m 이하의 땅은 전 국토의 25%에 불과하고, 300m 이상의 땅이 25%를 차지할 정도로 해발이 높고 지형이 험합니다.

Day 04

중국의 지형 (2)

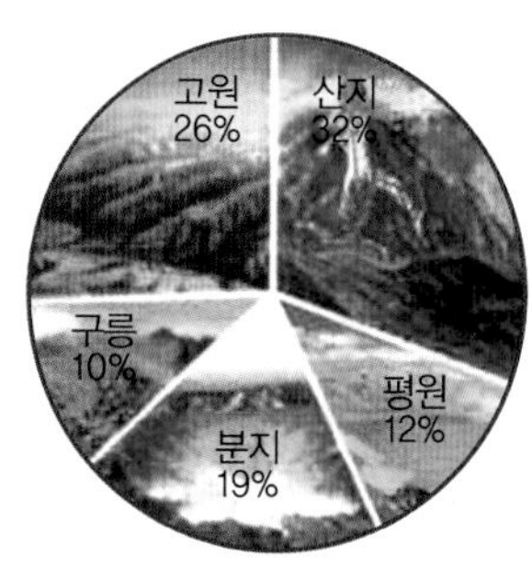

중국의 지형은 서고동저사급계, 즉 서쪽이 높고 동쪽이 낮으며, 전체적으로 보면 크게 네 개의 계단으로 되어 있습니다.

첫 계단은 해발 4,000m 이상의 칭장 고원青藏高原이고, 두 번째 계단은 해발 2,000m에서 1,000m의 고원과 분지, 즉 네이멍구 고원內蒙古高原, 황토 고원黃土高原, 윈구이 고원雲貴高原 등이 해당합니다. 세 번째 계단은 고도 500m 미만의 구릉이 있는 둥베이 평원東北平原, 화베이 평원華北平原 등과 창장 강長江 중하류의 평원이 해당하며, 마지막 네 번째 계단은 수심이 대체로 200m 미만인 대륙붕으로 구성되어 있습니다.

따라서 중국을 흐르는 대부분의 강은 서쪽에서 동쪽으로 흐

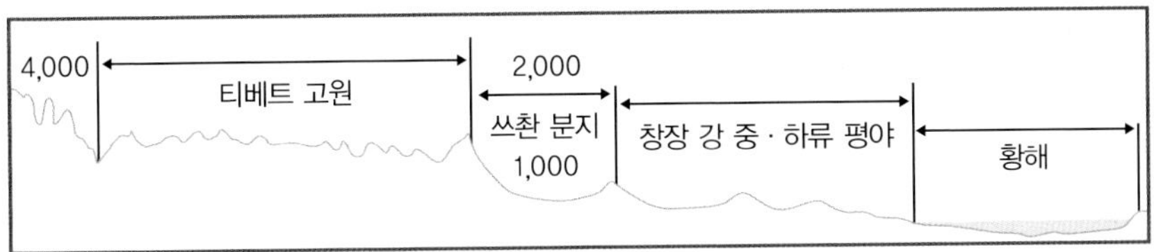

▲ 중국의 북위 30° 부근 지형 단면도

르며, 이 같은 사실은 중국 문화에도 큰 영향을 미쳤습니다. 즉 예로부터 중국은 서쪽에서 동쪽으로 큰 강을 따라 쉽게 이동하였으므로, 동방과 서방의 문화교류가 활발하였습니다. 반면 북방에서 남방으로 이동하는 것은 높은 산맥과 분지, 큰 강을 건너야 했으므로 매우 어려웠고, 그 결과 북방과 남방의 문화는 서로 섞이지 않고 나름의 고유 문화를 발전시켜 왔습니다. 그래서 어제 언급한 것처럼 중국의 문화를 크게 북방 문화와 남방 문화로 구분하는 것입니다.

내일은 중국의 행정지리에 대해서 살펴보겠습니다.

Day 05

중국의 행정지리

오늘은 중국의 행정지리에 대해서 살펴보겠습니다.

우리나라의 지도는 마치 포효하는 한 마리의 호랑이를 연상케 합니다. 반면 중국의 지도는 수탉을 연상케 합니다. 동북지구가 닭볏과 닭 머리, 신장新疆, 씨짱西藏 지구가 닭 꼬리, 타이완과 하이난 섬海南島이 닭의 두 다리와 같은 형상으로 보이기 때문입니다.

중국에 가서 자동차 번호판을 유심히 보면, 경京, 진津, 호沪 등과 같은 한자들이 쓰여져 있는 것을 볼 수 있는데 이는 각 성과 도시의 약칭입니다.

중국을 이해하는 데도 공간적인 이해, 즉 지리적 이해는 필수

헤이룽장성
하얼빈
지린 성
장춘
신양
랴오닝 성
우루무치
신장웨이우얼자치구
네이멍구자치구
후허하오터
베이징직할시
톈진직할시
간쑤 성
닝샤후이족
자치구
타이
위안
허베이 성
인촨
서녕
칭하이 성
란저우
산시 성
지난
산둥 성
시안
정저우
산시 성
허난 성
장쑤 성
시짱자치구
라싸
허페이
난징
상하이직할시
청두
후베이 성
안후이 성
우한
항저우
쓰촨 성
저장 성
난창
창사
꾸이양
장시 성
후난 성
푸저우
구이저우 성
쿤밍
푸젠 성
윈난 성
광시좡족자치구
광둥 성
광저우
난닝
마카오
홍콩
0
1000km

적입니다. 중국의 대도시들이 어디에 위치하고, 각 성에는 어떤 도시와 문화유적지가 있는가 등에 대한 지리적 이해는 광활한 중국에 한 걸음 더 가까워질 수 있는 지름길이 될 것입니다.

현재 중국은 행정구역을 크게 성, 현, 향의 세 단계로 구분합니다. 이중 성급은 성, 자치구, 직할시를 포함하는데, 현재 전국은 4개의 직할시와 23개의 성, 5개의 자치구, 2개의 특별행정자치구가 있습니다.

23개 성에는 각각 그 성의 수도 역할을 하는 성도가 있습니다.

4개의 직할시는 베이징北京, 상하이上海, 톈진天津, 충칭重慶, 이렇게 큰 네 개의 도시를 지칭하는데, 도시의 규모가 매우 커서 성에서 독립시켜 직할시로 운영하고 있습니다.

2개의 특별행정자치구란 1997년 7월 1일 영국에서 반환된 홍콩香港과 1999년 12월 20일 포루투갈에서 반환된 마카오澳門를 말합니다.

5개의 자치구란 네이멍구자치구內蒙古自治區, 시짱자치구西藏自治區; 티베트자치구, 신장웨이우얼자치구新疆維吾爾自治區, 닝샤후이족자치구寧夏回族自治區, 광시좡족자치구廣西壯族自治區의 다섯 개 자치구를 지칭합니다.

Day 06

중국의 인구

오늘은 중국 인구에 대해서 소개할까 합니다.

많은 분이 아시겠지만, 중국은 세계에서 가장 많은 인구를 가지고 있습니다. 가장 최근 통계인 2010년 자료에 의하면 현재 중국의 인구는 13억 4천만 명이라고 말하는데요, 이는 G7, 즉 미국, 영국, 독일, 프랑스, 캐나다, 이탈리아, 일본 등 일곱 나라의 인구를 합한 것보다도 더 많은 인구입니다.

그러나 사실 중국사람 중에 그들이 13억 4천만 명이란 것을 믿는 사람은 그리 많지 않은 것 같습니다. 예를 들어, 중국은 4년에 한 번씩 인구통계조사를 시행하는데요, 지난 2002년 저는 인구조사를 할 무렵 중국 쓰촨 성四川省 청두成都에 있었습니다. 인구조사 몇 주 전부터 각종 매체에서 홍보하는 것은, "이것은 단순한 인구통계조사입니다."였습니다. 내용인즉슨 중국은 농촌 인구가 도

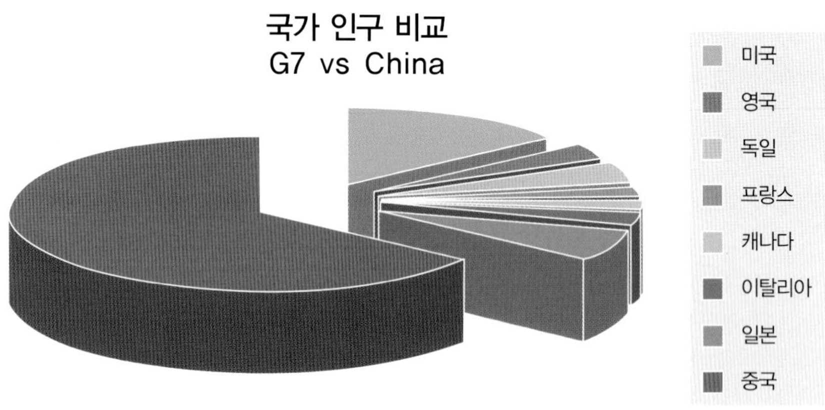

시로 유입하는 걸 통제하기 위하여 성마다 '후커우戶口'라 불리는 호적을 관리하는데요, 만일 농촌에 살던 사람이 도시로 이사를 하려면 도시의 후커우가 있어야 합니다. 도시의 학교로 진학을 하던가 아니면 도시에 있는 기업체에서 근무해야 후커우가 발행되는데요, 이처럼 후커우를 취득하기가 어렵기 때문에 후커우 없이 몰래 도시에서 생활하는 농촌 사람이 많습니다.

만약 적발되면 바로 농촌으로 추방되기 때문에 후커우가 없이 도시에서 사는 사람들은 인구조사 기간이 되면 농촌으로 도망을 가거나 도시 안에 꼭꼭 숨어 삽니다. 그런데 제가 있던 쓰촨 성 청두에서는 인구조사 전부터 "이것은 단순한 인구통계조사입니다."라고 하더니 인구조사 첫날 저녁 뉴스에 후커우가 없어서 추방당하는 많은 농촌 사람의 모습이 TV에 나오더군요. 이 뉴스 이후에 더욱 꼭꼭 숨어서 아마 찾기 어려웠을 것입니다.

이러니 이렇게 조사된 통계, 즉 13억 4천만 명이란 인구를 믿기는 어려울 것 같습니다.

내일 계속해서 중국의 인구에 대해서 소개하겠습니다.

Day 07

소황제와 어둠의 자식들

오늘도 어제와 같이 중국 인구에 대해서 소개할까 합니다.

어제 인구조사에 대해서 간략히 설명해 드렸는데요, 계속 말씀드리자면, 인구조사원들은 집집마다 직접 방문하여 신발, 가재도구, 심지어 칫솔의 숫자까지 일일이 검사를 하는데요, 이 역시 허점이 있어서 집에 있으면서 문을 안 열어주면 조사원들은 어쩔 수 없이 아파트 관리실에 가서 가족 수를 물어 조사를 마칩니다.

또한, 인구조사가 정확할 수 없는 가장 큰 이유는 헤이하이즈흑해자; 黑孩子, 즉 어둠의 자식들 때문입니다. 중국 정부는 지난 1980년대 초반부터 철저한 인구제한정책을 펴고 있는데요, 즉 한 가구 한 자녀 낳기입니다. 만약 아이를 둘 이상 낳으면 많은 벌금을 내야 하고, 특히 공산당원이나 국영기업체에 근무하는 사람들이 이 규정을 어기면 상당한 불이익이 있기 때문에, 대부분의 중국인들은 한 가구에 한 자녀만 있습니다. 이들을 소황제小皇帝, 즉 어린 황제라 부릅니다.

반면 둘째나 셋째를 낳은 후 벌금이 없는 가난한 사람들은 아이들을 입적시키지 않고 호적 없이 그냥 키우는데요, 이들이 바로 헤이하이즈, 어둠의 자식들입니다.

현재 헤이하이즈가 전국에 얼마나 되는가에 대해서는 정답을 찾기 어려운 상황입니다. 또한, 더욱 큰 문제는 이들이 호적이 없어서 학교에 다니지 못하기 때문에 교육 수준이 형편없이 낮고, 그러다 보니 성인이 되어서도 합법적인 일보다는 불법적인 일에 종사하는 경우가 많다는 것입니다.

따라서 현재 13억 4천만이라는 중국의 인구통계에는 이들 헤이하이즈가 포함되어 있지 않으므로, 중국 인구를 정확하게 통계내기란 매우 어렵습니다.

중국 문화 산책, 오늘은 여기서 마치겠습니다.

Day 08

중국의 소수 민족 (1)

오늘은 중국의 소수 민족에 대해서 소개해 드릴까 합니다.

2010년 기준으로 중국에는 13억 4천만 명 정도가 살고 있으며, 이 중 91.5%는 한족漢族, 8.5%는 55개 소수 민족입니다. 8.5%라 하니 '별것 아니네'라고 생각할 수 있지만, 13억 4천만 명의 8.5%면 1억이 넘는 인구입니다.

현재 55개 소수 민족 중 인구가 가장 많은 종족은 좡족티베트족: 藏族으로 1,692만 명 정도며, 주로 광시 성廣西省, 윈난 성雲南省, 광둥 성廣東省에 살고 있습니다. 우리 동포인 조선족朝鮮族도 이 55개 소수 민족에 포함되며, 2010년 통계에 의하면 192만 명이라고 합니다.

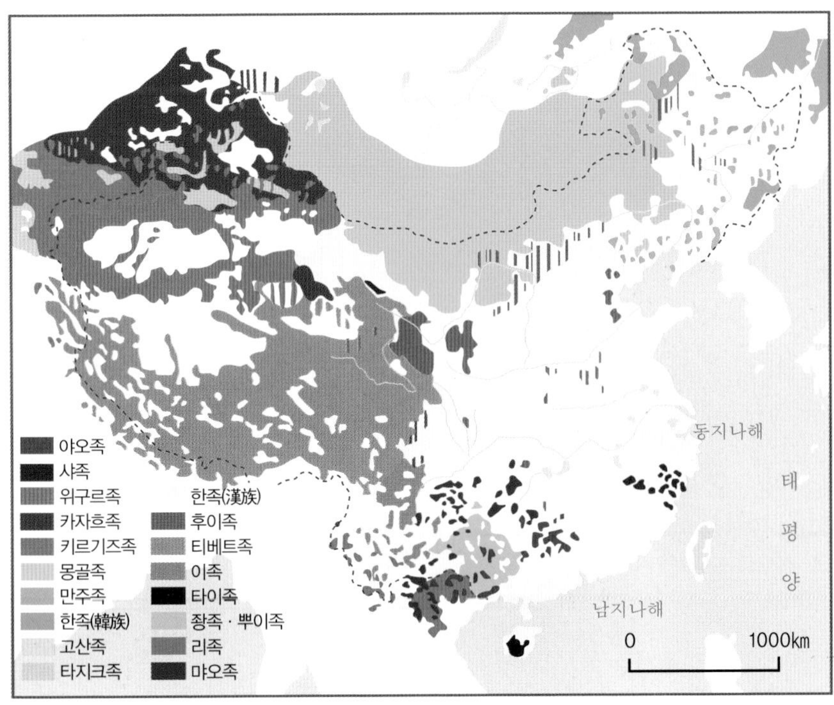

▲ 소수 민족 분포도

55개 소수 민족은 고유의 전통문화를 유지하는 한편 한족의 문화도 흡수하면서 생활하는데요, 소수 민족의 문화 중에는 매우 재미있는 것이 많이 있습니다.

예를 들어 중국에는 전통적으로 가마우지 낚시라는 게 있는데요, 이는 중국 남부에서 시작되었다고 합니다. 가마우지는 야행성이 강하여 주로 밤에 낚시를 하는데, 강 중간쯤에 이르면 대나무 뗏목을 지어온 어부와 가마우지의 모습을 쉽게 볼 수 있습니다. 어부가 뗏목에 차례로 앉아 있던 4, 5마리의 가마우지를 강

▲ 가마우지 낚시

물에 풀어 놓으면 가마우지들은 물에 뛰어들어 재빨리 헤엄을 치면서 물고기를 잡는다고 합니다. 물고기를 잡은 가마우지는 뗏목으로 돌아올 수밖에 없는데, 가마우지 목에 줄을 감아놓아서 잡은 물고기를 삼키지 못하고 뗏목 위로 힘겹게 올라옵니다. 그러면 어부는 가마우지를 거꾸로 들어 바구니 속으로 물고기를 토해 내게 한다고 합니다. 이렇게 다양한 소수 민족들과 그들의 문화가 현재 한족 및 한족의 문화와 어우러져 하나의 다채로운 중국 문화를 만들어내는 것입니다.

8%의 소수 민족 역시 13억의 일부가 되어 이처럼 거대한 하나의 중국을 이끌어 나가는 것입니다.

중국을 여행하실 때 중국사람처럼 보이지 않는 중국사람을 만나신다면, 아마도 그들은 55개 소수 민족 중의 한 명일 거라 생각하시면 됩니다.

Day 09

중국의 소수 민족 (2)

안녕하십니까. 오늘도 계속해서 중국의 소수 민족에 대해서 소개할까 합니다.

원래 중국에 살던 소수 민족은 약 140여 종족에 달했다고 합니다. 하지만 수천 년 동안의 동화 과정을 겪었고 현재까지 남아 생존하는 민족 중에서 소수 민족으로 등록된 민족은 55개입니다. 우리의 동포인 조선족도 이 안에 포함됩니다.

이처럼 중국은 다양한 민족들이 다양한 색채와 생활 양태를 그대로 지닌 채로 살아가는 통일된 다민족 국가입니다.

물론 우리나라에서도 최근 들어 다문화 가정이 늘어나면서 다문화에 대한 긍정적인 마인드가 생겨나고는 있지만, 우리나라나 일본과 같이 단일민족국가를 하나의 긍정적 가치로 인정하는 나라에서는 한 영토 한 국가 안에 서로 다른 생활 습속과 다른 뿌리를 가진 여러 민족이 함께 생활한다는 것이 쉬운 문제는 아닐 것입니다.

그러나 중국은 오랫동안 이민족과의 전쟁과 화친이라는 관계 속에서 발전해 왔기 때문에, 이민족과 함께 살아본 경험이 많았고, 이를 바탕으로 민족 문제에 관해 개방적인 사고를 갖게 되었습니다.

원나라는 몽골족이 중원을 통치했던 시기였고, 청나라는 만주족이 한족을 통치하던 시기였습니다. 이러한 역사적 배경을 근거로 현재 중국은 소수 민족에 대해서 당근과 채찍이라는 두 가지 양면적인 정책으로 하나의 '중국을 만들어가고 있습니다.

요즘 달라이라마가 이끄는 티베트西藏自治區가 중국으로부터 독립하려고 시도하는데요, 중국이 이를 어떻게 해결해나갈지 주의 깊게 살펴볼 필요가 있습니다.

▲ 시짱자치구의 수도 라싸(拉薩)를 상징하는 포타라궁(布达拉宫) 사원

Day 10

중국의 소수 민족 (3)

오늘은 중국 소수 민족에 대해 마무리하도록 하겠습니다.

중국 서북쪽 신장 성에 가면 중국인의 모습과는 완전히 다른 서역의 분위기를 느낄 수 있는 위구르족[维吾尔族]을 만날 수 있고, 서남쪽 시짱자치구에 가면 라마교와 관련 있는 티베트 사람들을 볼 수 있습니다. 중국의 북쪽, 닝샤 후이족자치구에 가면 중동 사람들과 비슷한 종족을 만날 수 있는데, 이들은 이슬람교도입니다.

중국의 소수 민족은 자신들끼리만 거주하는 집단적 주거 형태를 보이기보다는 한족과 더불어 공존하는 형태를 유지하고 있습니다.

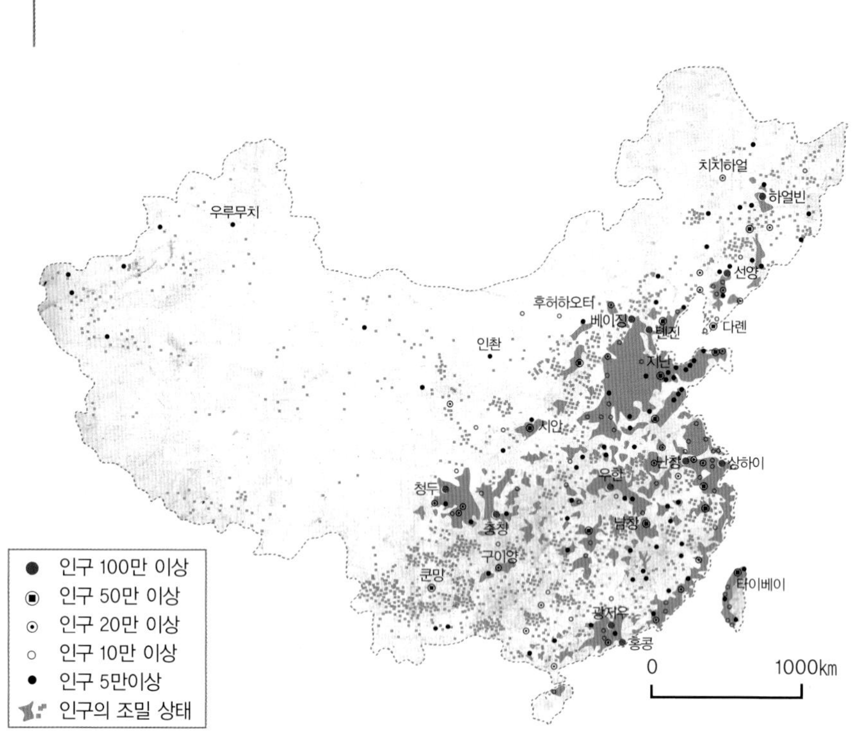

▲ 중국의 인구분포도

소수 민족 인구는 비록 한족에 비해 턱없이 적지만, 지역 분포는 전 국토의 64%에 달한 정도로 매우 넓습니다. 이들 지역은 자원이 풍부하고 중국 국경지대에 있기에 중요합니다. 그리하여 중국 정부는 소수 민족에게 자치권을 부여하여 한족과의 동화를 시도하고 있습니다. 소수 민족 고유의 풍속, 습관 및 종교와 신앙도 허용하고, 1자녀만 낳을 수 있는 한족과 달리 소수 민족에게는 인구 제한 정책도 쓰지 않습니다. 그러나 소수 민족의 인구는 점차 줄어드는 추세입니다. 왜냐하면, 소수 민족과 한족이 결혼하여 자녀를 낳았을 때 그 자녀는 한족과 소수 민족 중에서 자신의 종족을 선택할 수 있는데, 대부분이 한족을 선택하기 때문입니다.

또한, 자치구 지역으로 한족을 이주시켜 중국화하는 정책도 꾸준히 병행하여 현재 티베트 지역을 제외한 대부분의 소수 민족 지역에 한족 인구 비율이 절반을 넘어서고 있습니다.

기회가 되면 중국의 소수 민족 자치구에 한번 여행하시기 바랍니다. 저는 개인적으로 서른 개가 넘는 소수 민족이 집단 거주하는 윈난 성을 추천합니다. 세계에서 가장 큰 민속촌인 셈이죠. 중국 속의 또 다른 중국을 맛볼 수 있는 좋은 기회가 될 것입니다.

▲ 티베트 라싸의 사원에서 수도승과

▲ 중국 윈난 성 시솽반나(西双版纳)에서

Day 11

중국의 강

오늘은 중국의 강에 대해서 살펴보겠습니다. 땅덩이가 넓은 만큼 그 땅에 흐르는 강의 수도 엄청 많을 텐데요, 오늘은 4개의 대표적인 강에 대해서 설명하겠습니다.

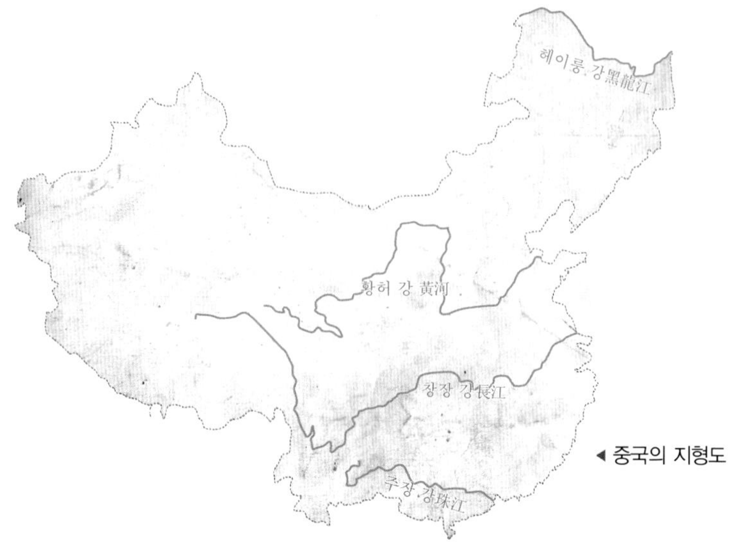

◀ 중국의 지형도

아마 중국에서 가장 긴 강이 황허黃河 강이라고 생각하시는 분이 많을 텐데요, 중국에서 가장 긴 강은 전체 길이가 6,300km로 나일 강과 아마존 강에 이어 세계에서 세 번째로 긴 길이인 창장 강입니다.

▲ 굽이쳐 흐르는 창장 강

창장 강은 칭하이 성青海省 칭장 고원의 탕구라 산맥唐古拉山脉에서 발원하여 11개의 성과 시, 자치구를 거쳐 동해로 흘러갑니다. 우리나라에는 양쯔 강으로 널리 알려져 있습니다.

황허 강은 중국에서 두 번째로 긴 강으로 길이는 5,464km에 이릅니다. 황허 강 지역은 중국 고대 분명의 발상지고 북방 문화를 대표합니다. 칭하이 성에서 발원하여 9개의 성과 지역을 거쳐 발해로 유입됩니다. 황허 강의 물 빛깔은 진갈

▲ 황허 강을 건너는 양의 내장으로 만든 배

▲ 황토가 웅장한 황허 강 상류

▲ 주장 강 부근

색의 황토물인데, 황토 고원에서 내려온 진흙이 강물에 유입되어 황동색 강물을 만들어 내기 때문입니다.

세 번째, 헤이룽 강黑龍江은 중국 북부에 있으며 3,420㎞로 중국에서 세 번째로 긴 강입니다. 몽골과 네이멍구자치구에서 발원하여 오호츠크 해로 흘러들어 가며, 중국과 러시아의 경계선이 되기도 합니다. 헤이룽 강의 물빛은 짙은 흑갈색을 띠는데, 헤이룽 강 일대의 중국인은 예전에 헤이룽 강에 검은 용이 살아서 물빛이 검은색을 띤다고 여깁니다.

마지막으로 주장 강珠江은 중국의 남부에 위치하며, 길이는 2,197㎞입니다. 주장 강은 윈난, 구이저우貴州, 광시, 광둥을 거쳐 남해로 유입됩니다. 1990대 초 중국에서 시작된 개혁개방이 바로 주장 강 부근의 소도시에서부터 시작되었기에 주장 삼각지는 중국의 경제성장을 상징합니다.

Day 12

중국의 호수와 명산

여러분 안녕하십니까. 오늘은 중국의 호수와 명산에 대해서 소개할까 합니다.

우선 중국에는 면적이 1㎢ 이상 되는 호수가 약 2,800개 정도 있습니다. 담수호 중에서는 포양 호鄱陽湖와 둥팅 호洞庭湖가 유명하고, 함수호 중에서는 칭하이 호青海湖가 가장 큽니다.

먼저 칭하이 호는 칭하이 성 동북부에 있으며, 중국 최대의 염호입니다. 몽골어와 티베트어로 '푸른 바다'라는 뜻으로 얼어붙은 겨울 호수는 거울처럼 햇살을 반사합니다. 포양 호는 중국 최대의 담수호로 호숫가에 철새 관망대를 설치하여 철새 관람의 명소로도 유명합니다.

▲ 둥팅 호 중간 중간에 위치한 수상 주유소

둥팅 호는 포양 호와 더불어 중국의 양대 담수호입니다. 후난 성湖南省 과 후베이 성湖北省의 경계가 되는 큰 호수로 유명한 악양루岳陽樓가 위치한 곳이기도 합니다.

실제로 가서 보면 바다인지 호수인지 분간이 어려울 정도입니다. 재미있는 점은 강이 하도 넓다 보니 어부들을 위해서 강 중간중간에 주유소가 있다는 점입니다.

다음은 중국의 명산을 소개하겠는데요, 명산을 꼽는 기준은 여러 가지가 있으나, 예로부터 중국의 황제들이 봉선, 즉 하늘에 제사를 지내오던 다섯 개의 산을 오악五岳이라 부르며 5대 명산이라 칭합니다.

동악인 타이 산泰山은 산둥 성山東省 중부에 위치하여 우리 한국사람에게 가장 친근한 산이기도 합니다. 특히 타이 산은 공자께서 자주 언급했기 때문에 다른 산에 비해 인지도가 높기도 합

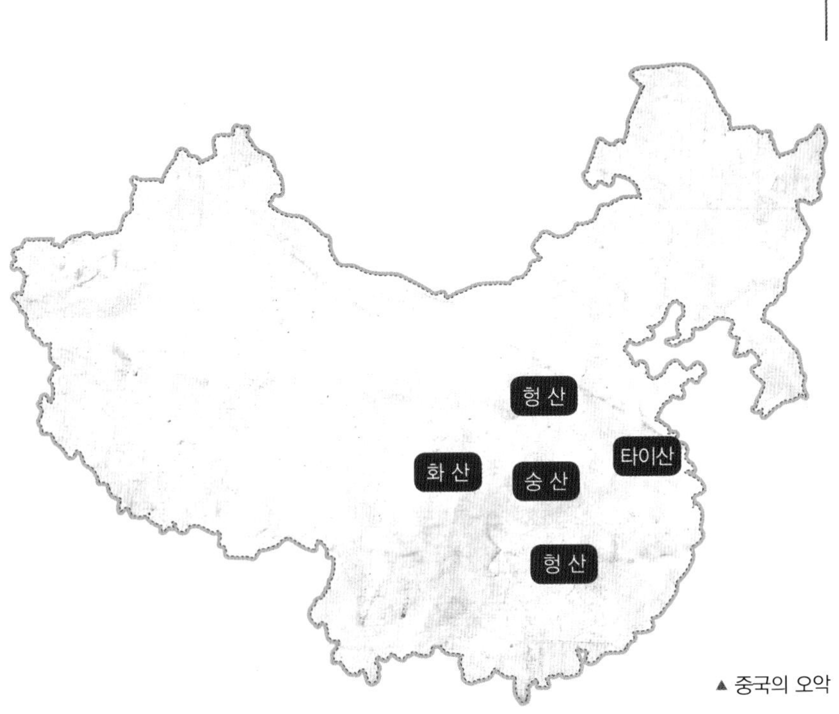

▲ 중국의 오악

니다. 그리고 서악인 화산華山, 남악인 형산衡山, 북악인 형산恒山, 중악인 숭산崇山, 이렇게 5개의 산이 중국의 5대 명산입니다.

이 중 중악인 숭산은 소림사가 있어 한국 관광객이 많이 찾는 산이기도 합니다.

제가 최근에 가보니 숭산을 에워싸고 대규모 무술학교들이 난립하고 있어서 산의 경관을 헤치고 있던데, 이 점은 좀 안타까운 점이라고 생각합니다.

중국 문화 산책, 오늘은 여기서 마치겠습니다. 내일은 중국 언어에 대해서 살펴보겠습니다.

◀ 타이 산의 일출

▲ 소림사 입구

◀ 소림사 부근의 무술학교

언어와 문자

Day 13

중국의 언어

우리 주변에서 흔히 볼 수 있는 것이 중국 음식점이고, 중국 영화입니다. 또한, 가장 싸게 해외여행을 할 수 있는 곳도 중국입니다. 어느새 중국의 문화와 중국어는 우리들의 일상 깊은 곳에 자리 잡고 있는 것 같습니다.

일반적으로 중국사람들이 쓰는 언어를 중국어라고 부르는데요, 사실 이 명칭은 일본사람들이 만든 명칭입니다. 중국인들은 그들의 언어를 한어漢語라고 부르고, 타이완사람들은 국어國語라고 부릅니다.

가끔 동네 중국집 중에서 '만다린'이라고 상호를 내건 가게를 볼 수 있는데요, 만다린은 무슨 뜻일까요? 만다린은 과거에 중국어의 명칭으로 사용하던 용어로, 관화라는 뜻입니다. 관화는 'official language'라는 의미를 지닌 범어, 즉 산스크리트어를 음

▲ 광둥어를 사용하는 홍콩의 야경

역한 것으로, 방언이 유독 발달했던 중국에서 중앙정부의 관료가 쓰는 표준어라는 의미로 사용됐습니다.

방금 말씀드린 바대로 중국에는 많은 방언이 있는데요, 대략 7가지로 구분됩니다. 이 중 한국사람들의 귀에 낯설지 않은 방언은 광둥廣東 방언으로, 영어로는 'Cantonese'라고 부릅니다. 홍콩에 가시면 중국어인데 유독 리듬감이 있는 중국어를 들을 수 있는데, 이것이 바로 광둥어, 캔토니즈입니다.

표준어인 한어와 광둥방언인 캔토니즈는 성조 체계부터 발음 체계에 이르기까지 다른 점이 너무 많아서, 만약 베이징사람은 표준어로, 홍콩사람은 광둥어로 얘기해서 언제 어디서 만나자고 약속하면, 두 사람은 아마 평생 못 만날 수도 있을 것입니다.

홍콩에 여행을 가시면 광둥어를 자세히 들어보시기 바랍니다. 중국어와는 또 다른 매력을 느끼시게 될 것입니다.

Day 14

중국의 한자

오늘은 한자에 대해서 잠시 얘기를 할까 합니다.

제가 중국어를 강의할 때, 학생들에게 "처음 중국어 공부할 때 뭐가 제일 어려웠니?" 하고 물으면 많은 학생이 한자 때문에 고생을 많이 했다고 얘기합니다.

그럼 저는 "왜 한자가 어렵니?" 하고 다시 물어봅니다. 그러면 학생들의 대답은 크게 두 가지로 나뉩니다. 하나는 너무 복잡하다는 것이고, 다른 하나는 너무 많다는 것입니다.

우리는 처음 중국어를 공부할 때 b, p, m, f 등 중국어 발음체계와 발음을 나타내는 기호인 한어병음漢語拼音을 배웁니다. 그리곤 바로 '你好吗안녕하십니까?'로 넘어가죠. 한자에 대한 교육은 고스란히 학생들의 몫으로 넘어갑니다. 전문적인 교육이 이루어지지 않으니까요. 하지만 한자는 중국어를 공부하기 위해서 반드시

해야 할 부분입니다.

또한, 한자는 중국어와 상관없이 한국사람이 한국에서 한국어를 잘하기 위해서도 반드시 알아야 합니다. 통계에 의하면 한국어 어휘의 약 70%가 한자로 이루어진 한자어라고 합니다. '방송국', '녹음', '중국 문화' 그리고 제 이름까지 모두 한자로 이루어진 한자어입니다. 따라서 한국사람은 중국어를 배우기 위해서뿐만 아니라 한국말을 잘하기 위해서도 반드시 한자 공부를 해야 합니다.

그런데 많은 사람이 한자에 대해서 부담을 느끼고, 이런 부담으로 한자 학습을 게을리합니다. 그러니 아는 한자가 별로 없게 되고, 한자는 복잡하고 외워야 될 게 많은 골칫덩이라고 생각합니다.

하지만 기본 부수 214개를 익히고, 이들의 결합 방식인 육서六書를 통해서 한자를 학습한다면, 한자 공부가 오히려 쉽고 재미있는 작업이 될 수 있습니다.

여러분, 오늘부터라도 한자 학습을 시작해 봅시다.

Day 15

중국어의 특징

중국어의 특징은 여러 가지가 있겠지만, 우선 눈에 띄는 것은 성조, 즉 톤tone이 있는 언어라는 점입니다. 예를 들어 'mǎi'라고 3성으로 읽으면 '–을 사다'라는 뜻이지만, 'mài'라고 4성으로 읽으면 '–을 팔다'는 뜻이 됩니다. 이렇게 똑같은 음절이라도 음절을 읽어내는 성조가 다르면 전혀 다른 의미의 언어가 됩니다.

제가 좋아하는 노래 중에 「你知道我在等你吗?」라는 노래가 있습니다. 해석해 보면 '당신은 내가 지금 당신을 기다리고 있다는 것을 아시나요?'입니다. 그런데 중국사람들은 여섯 번째 글자 等děng을 원래 성조인 3성으로 읽지 않고 4성瞪: dèng으로 읽으며 장난합니다. 만일 이처럼 '等'을 4성으로 읽으면, '당신은 내가 지금 당신을 노려보고 있다는 것을 아십니까?'라는 엉뚱한 뜻이 됩니다.

제가 처음 타이완에서 중국어를 공부할 때, 제 아파트 입구에 만두 가게가 하나 있었습니다. 방과 후 집에 들어올 때쯤에 배가 제법 고팠는데, 만두 냄새가 너무 먹음직스럽더라고요. 근데 그 때는 제가 중국어를 처음 배울 때라서 만두를 살 용기가 나지 않았습니다. 그래서 집에 가서 사전을 찾아가며 '저는 만두를 먹고 싶어요'라는 문장을 어설프게 중국어로 만들었습니다.

다음날 방과 후, 자신 있게 만두 가게에 들어가 "만두 주세요"라고 애기했는데, 주인의 반응이 이상합니다. 저를 뚫어지라 바라보더니 "집에 가라"라고 하는 거예요.

나중에 알고 보니 만두는 '水餃shuǐjiǎo'로 3성 3성으로 말해야 하는데, 저는 4성 4성으로 말했던 모양입니다. '睡覺shuìjiào'는 '잠을 자다'라는 뜻입니다. 만두 가게에 들어와 "나 잘래요"라고 말을 했으니, 그 주인도 많이 당황했을 겁니다.

바로 한국사람들이 중국어를 처음 배울 때 가장 어려워하는 부분이 바로 이 성조입니다.

성조에 조심하면서 중국어 공부를 열심히 하셔서 저 같은 실수는 안 하시길 바랍니다.

▲ 중국에서 '만두주세요.'라고 말할 때는 성조에 유의 하여야 합니다.

Day 16

한자의 기원과 창힐

여러분 안녕하십니까.

한자는 우리 일상에 깊숙이 관여하고 있습니다. 매일매일 우리는 한자를 사용하지요. 그런데 막상 한자의 역사에 대해서는 그리 깊게 알지 못하는 것 같습니다.

우선, 한자를 처음 만든 사람은 누구일까요.

훈민정음의 경우, 언제 누가 어떻게 만들었는가에 대한 정확한 기록이 남아 있어서 이론의 여지가 없지만, 한자를 처음 누가 만들었는가에 대한 해답은 쉽게 찾을 수 없습니다.

춘추시대春秋時代의 학자들은 이 질문의 해답을 찾기 위하여 창힐倉頡이란 인물을 만들어냈습니다「창힐작서설(倉詰作書說)」. 문헌에 등장하는 창힐의 지위는 처음에는 상고上古시대의 한 사람이라고 했다가, 점차 승격화 되어 황제黃帝의 사관史官이라고도 하고, 심지어 창힐이 황제라는 주장까지 나오게 되었습니다.

또한 창힐이 처음 한자를 만들어 낸 방법 역시 '어려서부터 알고 있었다', '태어날 때 이미 알고 있었다' 등으로 확대되면서 창힐의 가치를 높였습니다.

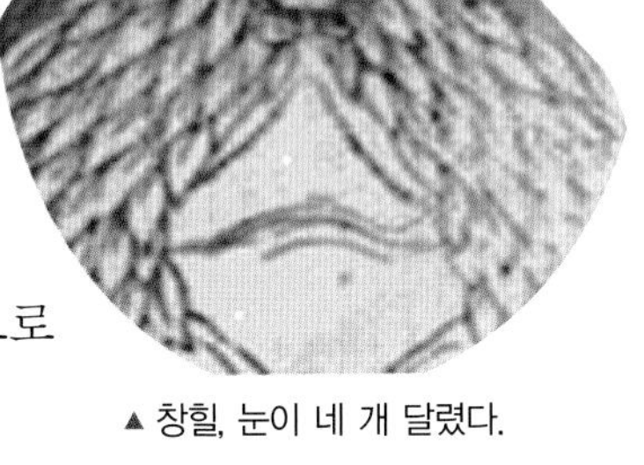

▲ 창힐, 눈이 네 개 달렸다.

심지어 상형문자라는 한자의 특징을 고려하여, 창힐이 하늘의 별자리와 날아가는 새, 들짐승의 발자국 등을 보고 한자를 만들어냈다는 주장도 나오게 되었습니다. 이러한 주장은 창힐에게 우리와 같은 범인들이 보지 못하는 것까지 볼 수 있도록 두 개의 눈을 더 달아주게 되었고, 결국 네 개의 눈을 가지게 되었습니다.

그러나 한자는 한 개인에 의해서 단기간에 만들어졌을 가능성이 없고, 또한 창힐이 실존했다는 명확한 증거 자료도 없기 때문에 춘추시대 학자들의 이러한 주장은 사실로 받아들이기 어렵습니다. 다만, 창힐이 어려서 한자를 좋아했고, 평생 한자와 관련된 일을 하였다는 순자荀子의 언급은 참고할 만합니다.

그럼. 한자의 기원은 어디서부터일까요?

다음 시간에 이어서 소개해 볼까 합니다.

Day 17

도자기에 새겨진 문자, 도문

오늘은 한자의 기원에 대해서 소개할까 합니다.

한동안 최초의 한자는 갑골문甲骨文으로 인정됐습니다. 그러나 최근 섬서 성陝西省 반파半坡 등을 중심으로 양사오 문화仰韶文化 시기의 도문陶文이 발견되면서, 한자의 역사는 수천 년 소급될 가능성이 있습니다.

도문이란 도자기에 새겨진 문자라는 뜻입니다. 지금으로부터 약 6,800년 전의 문명인 양사오 문화 유적지 섬서 성 반파에서 한 농부가 우물을 파다가 대량의 도자기 파편들을 발견하였는데, 이 가운데 문자 비슷한 것이 새겨진 도자기 파편들도 함께 발굴되었

▲ 복원한 도자기. 주둥이 부근에 한 글자씩 새겨져 있다.

▶ 깨어진 상태의 도문 조각들

습니다. 이러한 도자기 파편들을 복원하면 그릇의 주둥이 부분에 한 글자씩 문자가 새겨진 것임을 알 수 있는데, 도자기에 새겨진 문자라는 뜻에서 이를 '도문陶文'이라고 부릅니다.

반파에서 발견된 문자는 총 22종으로, 그 수가 그리 많지는 않고, 또한 도문을 문자로 인정할 것인가에 대해서는 학자마다 이견이 있기 때문에, 아직 최초의 한자라고 단정할 수는 없습니다. 즉 적어도 문자로 인정받기 위해서는 두 글자가 나란히 새겨진 문장으로 된 도문이 발견되어야 하지만, 현재까지 발견된 도문은 모두 한 글자씩만 새겨져 있습니다. 따라서 도문은 문자라기보다는 그 도자기를 만든 사람의 표식이거나 그 도자기를 사용한 부족의 족휘, 즉 심벌이라는 주장이 보다 유력합니다. 하지만 보다 많은 도문이 발굴되고, 이에 대한 연구가 진행된다면, 도문이 최초의 한자가 될 가능성을 배제할 수는 없습니다.

만일 도문이 최초의 한자로 인정받는다면, 한자의 역사는 지금으로부터 약 6,800년 전으로 소급될 수 있습니다.

중국은 현재 도문이 최초의 한자라는 것을 증명하기 위하여 고고학 방면에서 많은 투자를 하고 있습니다. 향후 또 다른 곳에서 대량의 도문이 발견되지는 않을까, 귀추가 주목되는 부분입니다.

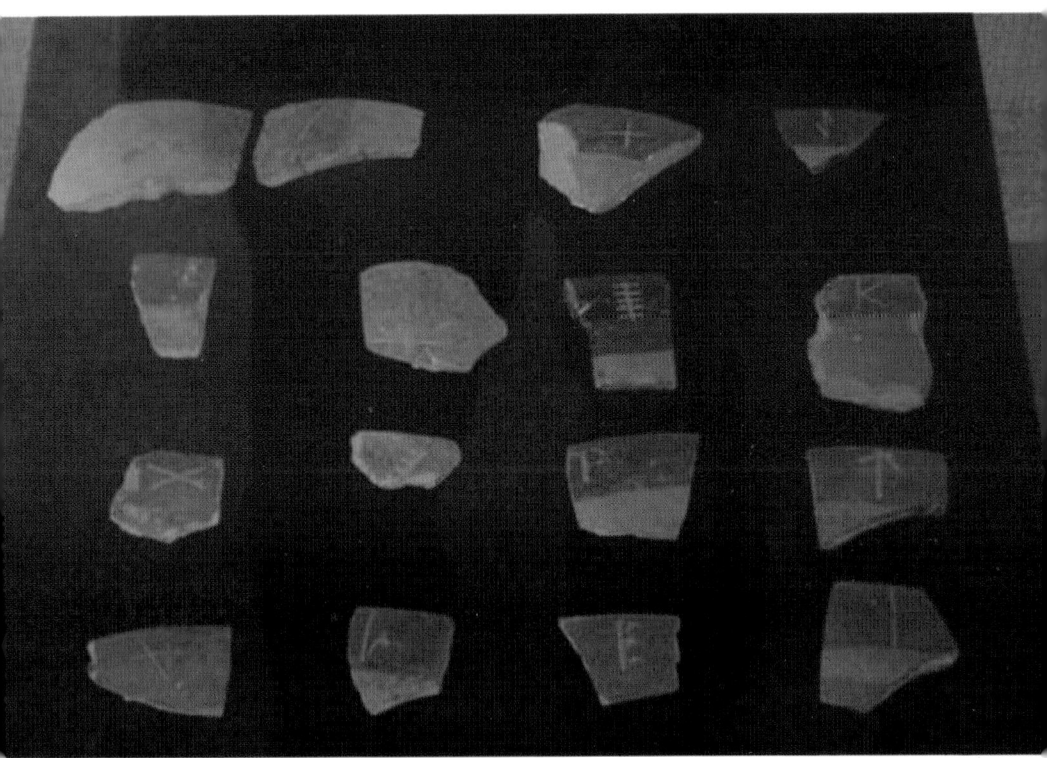

▲ 박물관에 전시 중인 도문 파편들. 글자가 한 개씩 새겨져 있다.

Day 18

거북이에 새겨진 문자, 갑골문

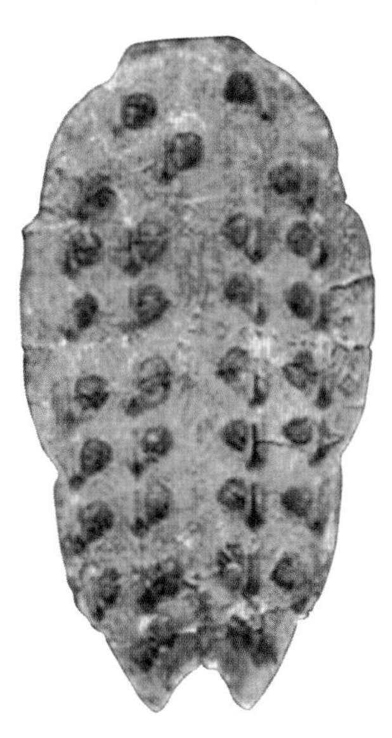

◀ 거북의 등판 / 거북의 복갑. 점을 친 흔적들이 있다.

오늘은 갑골문에 대해서 소개할까 합니다.

지금으로부터 약 3,800년 전의 상商나라 사람들은 국가의 중대사나 상나라 왕王의 일상에 대해서 점을 쳤는데요, 즉 전쟁, 사

▲ "王占曰, 吉", 즉 "왕이 점쳐 말하되, 길하다(좋다)"라고 새겨져 있다.

냥, 제사, 상왕商王의 혼례婚禮, 왕후王后의 출산出産 등을 앞두고 그들은 손질된 짐승의 뼈에 찬鑽과 착鑿이라는 홈을 파고, 그 뒷면을 불로 지져 갈라지는 홈의 모양새에 따라 길흉을 판단했습니다.

그들은 점을 친 후, 점을 친 날짜, 점을 친 정인貞人의 이름, 점친 내용, 점친 결과를 점을 친 짐승의 뼈 가장자리 혹은 뒷면에 새겨 두었는데, 바로 이렇게 새겨진 문자를 우리는 '갑골문甲骨文'이라고 부르며, 바로 이 갑골문이 현존하는 가장 오래된 한자입니다.

이러한 갑골문자의 발견 과정이 흥미로운데요, 1899년, 당시 베이징의 국자감國子監 재주였던 왕의영王懿榮은 달인당達仁堂에서 지어온 자신의 약재 속에서 문자 비슷한 것을 발견합니다. '용골龍骨'이라 불리던 이 약재에는 무언가 문자 비슷한 것이 새겨져 있었는데, 일반인들의 눈에 뜨이지 않던 이 문자들은 금석학金石學에 조예가 깊었던 왕의영의 눈에 띈 것입니다. 이후 '용골'이었던 이 약재는 중국 최초의 문자로 새로 태어나게 됩니다.

이 귀한 사료인 '용골' 즉 갑골문은 지금의 허난 성 안양 시安陽

소둔촌小屯村에서 처음 발견되는데요, 처음 소둔촌의 농민들은 밭을 갈다가 자꾸 땅속에서 짐승의 뼛조각이 나오자, 동네 한 귀퉁이에 이들을 모아 두었다고 합니다. 어느 날 한 농부의 팔이 낫에 베어서 피가 났습니다. 약이 없던 그 농부는 혹시나 하는 마음에 이 뼛조각을 갈아서 팔에 발랐다고 합니다. 그런데 이튿날 피가 멈추고 상처가 아물기 시작하자 이 소문이 순식간에 소둔촌에 퍼져 이 짐승의 뼛조각을 용의 뼈, 즉 용골이라고 생각하기 시작하였습니다. 배가 아프면 갈아서 마시고, 열이 나면 갈아서 머리에 바르고……. 이렇게 귀한 역사적 사료는 소둔촌 농민들에 의하여, 왕의영이 발견하기 전까지 갈아 없어졌다고 합니다. 참으로 안타까운 일이라 생각합니다.

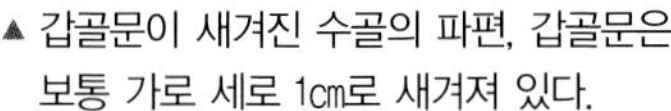

▲ 갑골문이 새겨진 수골의 파편, 갑골문은 보통 가로 세로 1㎝로 새겨져 있다.

Day 19

갑골문의 가치

오늘은 갑골문의 가치에 대해서 잠시 언급하고자 합니다.

지금까지 발견된 갑골 조각의 수는 약 15만 조각에 이르러, 여기에 새겨진 한자의 자종字種 수는 약 5천 자 정도입니다.

대부분의 갑골甲骨은 반경盤庚이란 왕이 상商나라의 도읍을 은殷으로 옮긴 이후, 주周나라에 의하여 멸망할 때까지의 273년간 만들어진 것입니다.

갑골문은 최초의 한자라는 점에서도 큰 의의가 있지만, 상商나라 사람들의 사유 방식과 일상의 모습을 반영하고 있다는 점에서 중국 고대문화사 연구에서 차지하는 비중 역시 매우 높다고 할 수 있습니다.

예를 들면, 갑골문으로 새겨진 복사 중에는 코끼리 사냥을 나가서 코끼리를 잡았다는 기록이 자주 보이는데요, 코끼리는 아열

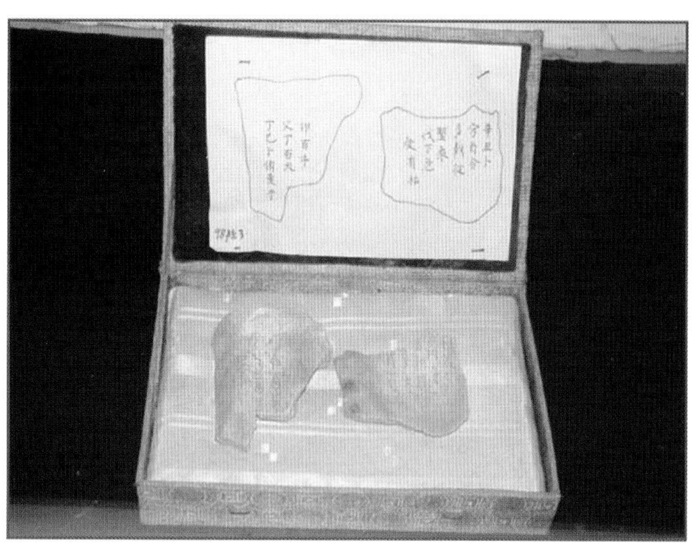

▲ 박물관에 전시 중인 실제 갑골

▲ 몇 개 남지 않은 거북의 정판. 생수병과 크기를 비교하면 어른 손바닥만하다는 것을 쉽게 알수 있다.

대 동물이기 때문에 현재 갑골문이 사용되었던 허난 성에서는 코끼리의 자연 서식이 불가능합니다.

따라서 이 갑골복사의 기록을 근거로 추정해보면, 지금으로부터 3,800년 전에는 허난 성 일대의 기후가 코끼리가 자연 서식할 정도로 따뜻했다는 것을 알 수 있습니다.

또한 또 다른 갑골복사에는 "갑인甲寅일에 점쳐 묻습니다. 부호婦好가 출산을 하려고 하는데, 아들일까요? 왕이 판단하여 말하길 정丁일에 낳으면 아들일 것이다."라는 기록이 있습니다. 이 갑골 복사卜辭는 왕후였던 부호婦好의 출산에 대해서 점을 친 기록으로, 언제 출산을 하면 아들을 낳을 것인지를 물었고, 왕이 정丁일에 출산하면 아들일 것이라고 점괘를 기록한 것입니다. 아들의 출산을 바라는 내용으로 보아, 상대商代에 이미 남아선호 사상이 있었다는 것을 엿볼 수 있습니다.

이렇듯 남아선호 사상의 역사는 유구한 것이나, 현대 중국에는 오히려 '여남평등'이라 하여 남녀가 똑같이 일을 하고 가사도 똑같이 나누어 하는 풍조가 만연합니다.

Day 20

청동기에 새겨진 문자, 금문

오늘은 갑골문 이후의 한자에 대해서 소개할까 합니다.

갑골문은 짐승의 뼛조각 위에 날카로운 돌조각 등을 사용하여 엄지 손톱 만하게 글자를 새겼기 때문에 글자의 획은 직선이 많고 가늘면서 날카롭습니다.

주나라가 시작되면서 중국에도 청동기 시대가 시작되었고, 이에 글자를 적는 노트가 짐승의 뼛조각에서 청동기로 바뀌게 됩니다. 이렇게 청동기 내부 밑바닥에 새겨 넣은 글자를 금문金文이라 합니다.

금문은 제작 과정에서 청동 주물상에 글자를 새겨 넣었기 때문에 획이 두껍고 둥근 것이 많으며 글자의 수도 갑골문에 비하

▲ 바닥에 금문이 새겨진 청동기

여 많이 증가합니다.

주나라는 중국에서 최초로 봉건제를 실시한 나라입니다. 봉건제란 봉토건국封土建國, 즉 땅을 내주어 그 땅의 왕을 시키는 대신 주나라 천자天子의 명을 받들게 한 제도입니다.

제후국의 왕은 주나라 천자의 신하이므로 군신 관계가 성립됩니다. 그러나 이 역시 그리 신뢰할 수 없었기 때문에 주나라 천자는 제후국의 왕과 혈연 관계를 주로 맺습니다. 즉 제후국 왕의 딸을 자신의 첩으로 삼거나, 자신의 아들을 제후국 왕의 사위로 보내기도 합니다. 그러나 이러한 혈연 관계 역시 시간이 지나면서 점차 흐려졌고, 군신 관계 역시 세월이 흐르면서 약해졌습니다. 결국, 주나라 천자의 권위는 땅에 떨어졌고, 제후국은 더 이상 주나라의 명을 받들지 않습니다. 이때부터 중국은 큰 혼란에 빠지고, 후세 사람들은 이 시기를 춘추전국시대라 부릅니다.

특히 전국시대에서는 전국 7웅이라 불리는 북쪽의 연나라, 동쪽의 제나라, 남쪽의 초나라, 그리고 중앙을 차지하던 한, 위, 조의 여섯 나라와 서쪽의 진나라가 있었습니다. 이 중 진나라를 제외한 동방의 여섯 나라는 당시 문명 수준이 꽤 높았다고 합니다. 그래서 이들 육국은 화폐, 도량형, 마차의 궤폭

▲ 대전

등을 나름대로 변형시켰고, 문자 역시 고유의 문자로 발전시켰습니다.

이 시기 진나라에서 사용된 문자를 대전이라 하고, 동방의 여섯 나라에서 사용한 문자를 육국문자六國文字, 혹은 고문자古文字라고 부릅니다.

내일은 대전大篆이 소전小篆으로 통일되는 과정에 대해서 살펴보겠습니다.

Day 21

중국 최초의 한자 개혁 — 소전

오늘은 최초의 한자 개혁에 대해서 소개해 드릴까 합니다.

주나라 천자의 권위가 땅에 떨어지면서 춘추전국시대가 시작되었고, 각 제후국은 주나라의 문물 대신 각 제후국 고유의 문물을 만들고 싶어 했습니다. 이에 기존에 동일했던 화폐, 도량형, 수레의 궤폭 등이 달라졌고, 문자 역시 조금씩 달라지게 되었습니다.

▲ 진시황(秦始皇)

중국 최초의 전국통일을 이룩한

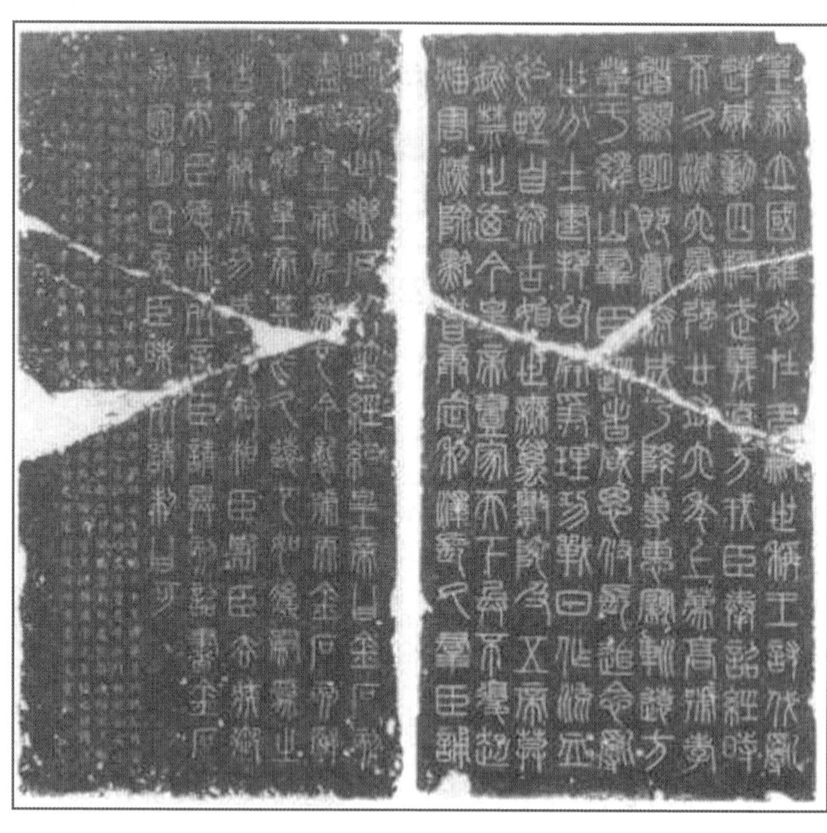

▲ 소전으로 새겨진 태산각석(泰山刻石)

진시황제는 전국을 통일한 뒤, 전국시대戰國時代에 달라지게 된 화폐, 도량형, 수레의 궤폭 등을 통일 전 진秦나라의 것을 기준으로 통일하기 시작했으며, 문자 역시 자신들이 사용해 왔던 대전을 조금 개량한 소전을 만들어 이를 전국의 공용문자로 선포하였습니다. 이것이 바로 중국 최초의 문자 개혁입니다.

간과할 수 없는 사실은, 대전은 주나라의 금문과 크게 다르지 않았다는 점입니다. 즉 동방의 여섯 나라가 조금씩 다른 문자인 육국문자, 즉 고문古文을 만들어 사용할 때 진나라만큼은 주나라의 문자를 거의 그대로 쓰고 있었습니다.

진시황은 전국 통일 후, 당연히 자신들의 문자인 대전을 토대로 소전을 만들었고, 이를 가지고 전국의 문자를 통일한 것입니다.

만일 진나라가 아닌 동방의 여섯 나라 중 어느 한 나라가 전국을 통일하고, 그들의 문자를 기준으로 전국의 문자를 통일했다면, 오늘날 갑골문, 금문으로 이어지는 한자 역사에 다소간의 공백이 생겼을 가능성도 전혀 배제할 수는 없습니다. 바로 이 점이 진시황제가 한자에 미친 큰 영향이라 할 수 있습니다.

현재는 대전과 소전을 합쳐서 전서篆書, 혹은 전문篆文이라고 칭하며, 주로 도장을 새길 때 많이 사용합니다.

Day 22

하급관리들의 한자, 예서

오늘은 하급관리들의 실용적인 문자로 탄생한 예서隸書에 대해서 소개할까 합니다.

진시황에 의하여 전국의 문자는 소전으로 통일되었으나, 당시 매우 바쁜 하루하루를 보내던 하급 관리들에게 소전은 불편하기 짝이 없었습니다. 왜냐하면, 소전은 구불구불 이어지는 필획으로 글자 쓰기가 어려웠을 뿐만 아니라 잘못 쓰거나 잘못 읽는 경우도 많았기 때문입니다.

이로 인해 딱딱 끊어 써서 알아보기 쉽고 쓰기 쉬운 새로운 문자가 탄생하게 되는데, 우리는 이 한자를 예서라고 부릅니다,

예서는 그 명칭에서 이미 예서를 경시했던 풍조를 찾아볼 수

▶ 예서

있습니다. 즉 예서의 예隸자는 '노예'를 지칭하는 것으로, 당시 옥리獄吏, 즉 감옥에서 일하는 하급 관리처럼 신분이 낮은 계층에서는 또박또박 끊어 쓰는 예서를 쓰고, 신분이 높은 관리들은 여전히 쓰기 어려운 소전을 썼기 때문에 붙여진 명칭입니다.

예서는 진나라의 옥리였던 정막程邈이란 사람이 처음 고안한 것이라고 알려져 있는데요, 소전으로 어떤 사람의 죄형을 적을 때 많은 업무량으로 인해 큰 실수를 하였고, 하루아침에 옥리에서 죄인으로 신분이 바뀌었다고 합니다.

정막은 감옥에서 이 모든 것이 소전이 쓰기가 너무 어려워서 생긴 일이라 생각하고, 하급관리들이 글자를 빨리빨리 또박또박 써낼 수 있는 새로운 한자체를 개발했는데, 이것이 바로 예서라는 설이 있습니다.

획이란 붓을 한번 종이에 댔다가 떼어내는 횟수를 의미하는데요, 즉 나라 국國자를 11획이라고 말할 때, 11획이란, 붓을 종이에 11번 댔다가 떼어낸다는 의미입니다. 바로 이러한 획의 개념이 처음 적용된 한자체가 바로 예서입니다. 이에 우리는 한자를 고문자와 금문자今文字로 구분할 때, 예서부터 금문자라고 칭합니다.

Day 23

한자의 표준 서체 — 해서

오늘은 예서 이후의 한자체에 대해서 소개할까 합니다.

구불구불 이어지던 소전의 필획을 딱딱 끊어 썼던 예서는 알아보기 쉬웠던 반면, 쓰기가 좀 불편했습니다. 왜냐하면 당시의 서사 도구가 오늘날과 같은 볼펜 같은 것이었다면 쓰기가 편했겠지만, 붓으로 종이에 글자를 썼기 때문에 필획의 양 끝이 뭉툭했던 예서는 글자를 빨리 쓰기에는 불편함이 있었습니다.

이에 중국인들은 딱딱한 예서를 빠른 속도로 휘갈겨 쓰는 새로운 한자체, 즉 초서草書를 만들어 냅니다.

그러나 초서는 빨리 쓴다는 장점이 있었던 반면, 글자를 알아보기 힘들다는 단점을 지닙니다. 즉 초서는 장초章草, 금초今草, 광초狂草의 단계로 발전하면서 글자의 일부를 생략하거나 윤곽만을

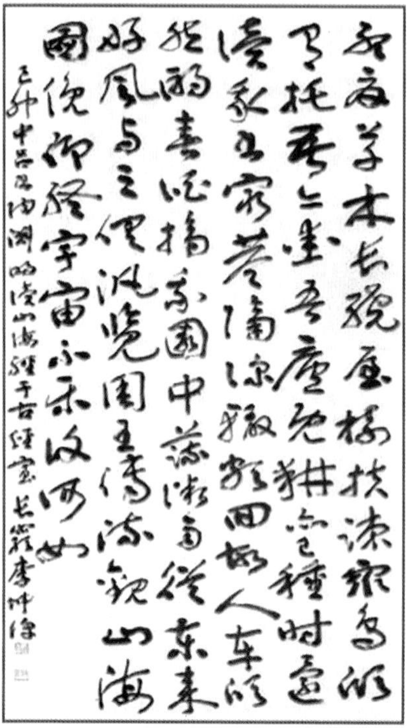

▲ 해서

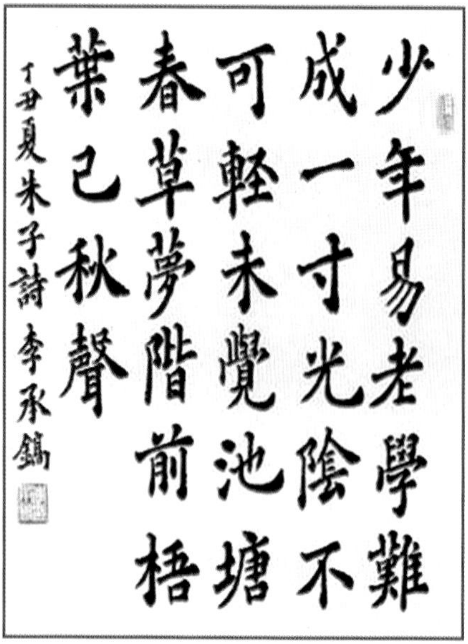

◀ 초서

휘갈겨 쓰게 되었고, 이에 심지어 글자를 쓴 사람조차 잘 알아보기 어려울 정도로 변화하게 됩니다. 이때부터 초서는 언어를 기록하는 문자의 역할 외에 심미적인 만족감을 충족시키는 예술의 장르로 발전합니다. 이것이 바로 서예의 시작입니다.

이후 가장 모범적인 한자체인 해서楷書가 등장하는데요, 해서는 예서의 알아보기 쉽다는 장점과 초서의 빨리 쓸 수 있다는 장점을 결합하여 탄생하게 됩니다. 해서는 위진남북조 시기에 서서히 등장하다가 당나라 때부터 한자의 가장 전형적이고 모범적

▶ 행서

인 서체가 되었습니다. 오늘날 우리가 사용하는 한자가 바로 이 해서에 해당합니다.

또한, 해서의 필기체인 행서行書 도 등장하는데요, 오늘날 만약 우리가 손으로 해서를 쓴다면 넓은 의미에서 행서에 포함됩니다. 행서는 초서와 비슷하지만, 글자를 생략하지 않기 때문에 초서보다는 알아보기 쉽다고 합니다.

Day 24

두 번째 한자 개혁 — 간체자 (1)

요즘 우리가 중국을 여행하면서 간판들을 보면, 한자는 한자인데 우리가 쓰는 한자와는 조금 다른 한자들을 볼 수 있는데요, 바로 이러한 한자체를 간체자簡體字라고 부르며, 현재 중화인민공화국의 표준 한자체입니다.

1949년, 마오쩌둥毛澤東은 새로운 중국을 건국하였습니다. 그러나 그에게 남겨진 것은 가난하고 헐벗고 무식한 노동자, 농민, 부녀자였습니다. 보다 큰 문제는 그들 대부분이 문맹이었다는 점입니다. 마오쩌둥은 새로운 중국을 건설하기 위하여 이들 인민의 사상을 개혁하려고 하였으나, 당시 문맹률이 92%에 달했기 때문에 여러 가지로 어려움이 있었습니다.

한 가지 예를 들면 어떤 마을에 흉년이 들어 인민들이 굶어 죽는 최악의 사태가 벌어진 적이 있었는데요, 중국 정부는 이들을 원조하기 위하여 몇 월 며칠 어디로 오면 식량을 무상으로 제공하겠다는 공고문을 붙였다고 합니다. 그러나 당일이 되었는데도 식량을 받으러 오는 사람들은 없었다고 합니다. 왜냐하면, 공고문을 읽을 수 없었기 때문입니다. 이 정도로 당시의 문맹률이 매우 높았다고 합니다.

마오쩌둥은 한자 학습의 어려움을 조사하였고, 그 결과 문맹률이 높은 이유가 크게 세 가지라는 것을 알게 됩니다. 첫째는 한자의 모양이 너무 복잡하여 외우기 어렵고 쓰기 어렵다는 점이고, 둘째는 한자의 수가 너무 많아 외어야 할 한자가 너무 많다는 점이며 마지막 세 번째는 지역마다 방언의 차이가 심하여 같은 한자인데도 읽어내는 발음이 서로 다르다는 점이었습니다.

이에 마오쩌둥은 바로 한자를 개혁하기 시작하는데요, 이는 진시황에 이은 두 번째 한자 개혁인 셈입니다. 이러한 한자 개혁을 통하여 탄생한 새로운 한자체가 바로 간체자인데요, 복잡한 한자를 간화했다는 뜻에서 간체자라고 부르게 되었고, 기존의 한자는 자체가 복잡하다고 하여 번체자繁體字라고 부르고 있습니다.

현재 중국에서는 간체자를 사용하고 있고, 타이완 등에서는 여전히 번체자를 사용하고 있습니다.

優→优	橙→灯	雲→云
書→书	齒→齿	綠→录
術→术	漢→汉	瞭→了

▲ 번체자 → 간체자

Day 25

두 번째 한자 개혁 — 간체자 (2)

오늘은 어제에 이어 마오쩌둥의 한자 개혁에 대해서 소개할까 합니다.

중국 역사상 두 번째로 이루어진 이 한자 개혁에서는 우선 복잡한 한자의 모양을 간단한 자형으로 변형시킨 간체자를 만들었습니다. 물론 수만 자에 이르는 모든 한자를 대상으로 간체자를 만든 것은 아니었고, 전체 한자 중 2,236자에 대해서 간화를 진행하였습니다. 예를 들어 복잡한 자형의 성부를 지닌 형성자 중 성부를 음이 같거나 유사한 간단한 자형의 한자로 대체하거나, 복잡한 필 획의 한자를 초서나 행서에서 빌려와 대체하는 등 여러 가지 방법으로 한자의 모양을 간화시켰습니다. 그 결과 간화 이전에 한자의 평균 필 획 수가 32획이었던 것이 간화 이후에는

16획으로 반이나 줄었다고 합니다. 산술적으로 따지면 번체자 한 글자를 쓸 동안 간체자 두 글자를 쓸 수 있게 되었다는 것입니다.

炮, 砲, 礮 → 炮
迹, 跡, 蹟 → 迹

두 번째는 자주 사용하지 않은 벽자僻字나 고자古字를 없애고, 동일한 음과 의미를 가진 한자인데도 자형이 조금씩 다른 이체자異體字를 폐기함으로써 외워야 할 한자 수를 대폭 줄였습니다.

마지막으로 한자 밑에 영문 알파벳으로 한자의 발음을 나타내는 한어병음을 고안하여 지역마다 달랐던 한자의 발음을 통일시켰습니다.

마오쩌둥의 주도로 이루어진 한자 개혁은 상형문자라는 한자의 가장 큰 특징을 사라지게 했다는 비평을 받기도 했지만, 인민들의 문맹률을 낮추는 데는 큰 역할을 했습니다.

물론 오늘날에도 중국 시골에 가면 학교마다 '표준말을 씁시다'라는 표어가 붙어있는 것으로 보아 아직은 중국어와 한자의 완전한 통일이 이루어졌다고는 할 수 없겠으나, 불과 50·60년 만에 중국 문맹률이 마오쩌둥의 한자 개혁을 통하여 급속도로 감소하였다는 점은 부인할 수 없을 듯합니다.

오늘 서점에 들르셔서 중국어 교재를 펼쳐 보시면 우리가 사용하는 한자와 조금 다른 한자들을 볼 수 있으며, 한자 밑에 영문 알파벳으로 한자의 발음을 표기하는 한어병음도 찾아볼 수 있을 것입니다.

Day 26

중국의 대표적인 자전

오늘은 중국의 대표적인 자전字典 몇 종류에 대해서 소개할까 합니다. 우리나라에서는 한자의 발음이나 의미를 찾을 때 주로 『옥편玉篇』을 사용하는데요, 사실 『옥편』 이전에 중국 최초의 자전이 한漢나라 때 이미 나왔습니다.

즉, 허신許愼이 편찬한 『설문해자說文解字』는 체계를 갖춘 중국 최초의 자전으로, 총 9,353자의 표제자와 1,163자의 이체자를 수록하고 있습니다. 특히 『설문해자』는 중국 자전 중 최초의 육서六書로서 한자의 구조를 설명하고 부수에 따라 글자를 배열하였다는 점을 매우 높게 평가합니다.

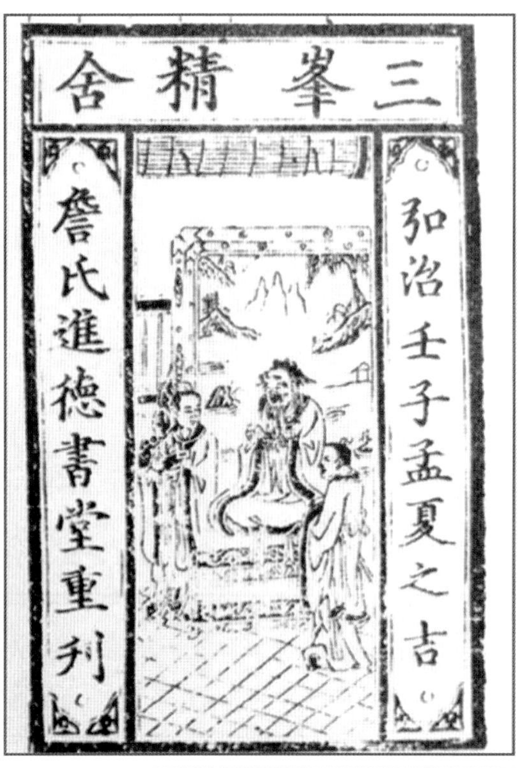

◀ 『옥편』

▼ 『강희자전』

한국사람들에게 자전의 대명사로 알려진 『옥편』은 중국 육조 시대, 즉 6세기에 고야왕顧野王이 편찬하고 이후 소개蕭愷라는 사람이 고쳐서 바로잡은 자전입니다. 542개 부수에 16,917자를 수록하였고, 음을 달아 자음을 나타냈습니다. 이후 당나라 때 손강孫强, 송나라 때 진팽년陳彭年 등이 글자를 증보하고 설해를 정리하였습니다. 요즘 우리가 볼 수 있는 『옥편』은 송나라 때인 1013년에 증수된 것입니다.

마지막으로 중국의 자전 중 권위 있는 자전은 청나라 강희황제康熙皇帝의 칙명으로 당시의 대학사였던 진정경陳廷敬, 장옥서張玉書 등 30여 명의 학자가 5년간의 작업을 거쳐 1716년에 완성한 『강희자전康熙字典』입니다. 약 4만 7천 여자를 214개의 부수로 나누고, 획수의 순으로 배열하였으며, 글자마다 반절反切로 독음을 달고 뜻을 설명하였습니다.

오늘 소개한 자전 가운데 『옥편』을 제외한 『설문해자』나 『강희자전』은 우리나라 사람들에게 그다지 친숙한 자전은 아니지만, 국내에서 한문학이나 한학을 연구하시는 많은 분이 주로 사용하는 대표적인 자전입니다.

현재까지 중국에서 출판된 자전 가운데 가장 많은 글자를 수록하고 있는 자전은 2000년대 초반에 출판된 『중화자해中華字解』로, 수록된 글자 수는 약 8만여 자입니다.

만약, 누군가가 '한자는 모두 몇 글자에요?'라고 물어본다면, 대략 8만 자 정도라고 대답하시면 될 듯합니다.

명절 및 풍습

Day 27

중국의 4대 명절 — 춘절 (1)

중국인들은 전통적으로 달의 운행주기를 계산하여 날짜를 셌는데요, 이는 농경과 밀접한 관련이 있기 때문에, 농력農歷이라고 불렀고, 하夏나라 때 만들어졌다고 해서 하력夏歷이라고도 불렀습니다. 요즘은 양력에 대비시켜 음력이라고 부릅니다. 음력에서는 1년을 춘, 하, 추, 동의 사계四季로 나누었는데, 음력 1, 2, 3월은 봄, 4, 5, 6월은 여름, 7, 8, 9월은 가을, 10, 11, 12월은 겨울에 해당합니다. 각 절기에 따라 필요한 농경 활동 및 서민들의 오락 활동이 세시풍습으로 전해져 오는데요, 오늘부터 중국의 4대 명절을 중심으로 절기마다 중국인들이 전통적으로 무엇을 먹고, 입고, 어떤 활동을 하는가에 대해서 살펴보고자 합니다.

우선 대표적인 명절로 중국 4대 명절 중 하나인 음력 1월 1일, 즉, 춘절春節이 있는데요, 춘절은 오늘날에도 중추절中秋節과 함께 가장 큰 명절입니다.

춘절을 지내는 것은 '過年guònián', 즉 '새해를 맞다'라는 뜻으로 불렀고, 그 역사는 대략 3,000년 정도나 됩니다. 본래는 '원단元旦' 혹은 '원일元日'이라 불렀는데, 신해혁명 이후 양력을 채용하면서 양력 1월 1일을 원단이라 칭하게 되었고, 대신 음력 1월 1일은 춘절이라고 부르게 되었습니다.

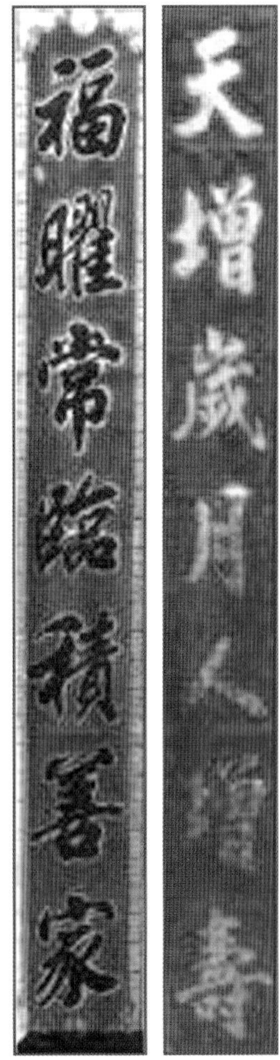

▲ 대문에 붙이던 춘련

춘절을 맞이하기 위해 민간에서는 춘절 며칠 전부터 대청소를 하고, 음식을 준비하고, 춘련春聯, 연화年畫 등으로 집안을 장식하고 '복福'자를 커다랗게 써서 붙이는데요, 춘련이란 집 대문에 '입춘대길' 같은 문구를 붉은색 종이에 써서 붙이는 풍습이고, 연화란 집안 곳곳에 예쁜 그림을 걸어두는 풍습을 말합니다. 특히 연화의 경우, 주로 사용하는 소재는 어린아이와 금붕어, 연꽃 등인데요, 어린아이는 그 집안의 후손을 상징하고, 금붕어는 다산多産, 연꽃은 어려움을 극복하라는 의미를 담고 있다고 합니다.

◂ 자손의 번성을 기원하는 금붕어와 연꽃, 복숭아 열매로 장식된 연화

◂ 거꾸로 붙여진 복(福)

또한, 대문에 복福자를 붙이는 풍습이 있는데요, 이때 복자는 제대로 붙이지 않고 거꾸로 붙입니다. 이유인즉슨, 중국어에서 '뒤집히다', '거꾸로'라는 뜻의 '倒' 따오dào는 어디 어디에 도달하다는 뜻의 '到' 따오dào와 발음이 같기 때문입니다. 즉 '복자가 거꾸로 되었다'는 '복이 도달한다'는 의미가 되는 셈이죠. 내일 이어서 춘절의 풍습을 소개하겠습니다.

Day 28

중국의 4대 명절 — 춘절 (2)

춘절에는 흩어졌던 온 가족이 한자리에 모입니다. 이를 위해 중국은 대략 일주일에서 열흘간의 휴가를 갖습니다. 춘절 하루 전날 저녁을 '제석除夕'이라 부르는데, 이것은 오래된 것은 없애고 새것을 퍼뜨린다는 의미입니다.

한 해의 마지막 시간에 온 가족이 함께 모여 제야 음식을 먹고 이야기로 웃음꽃을 피우며 밤을 지새우는데, 이러한 풍습은 '수세守歲'라고 부릅니다.

▲ 춘절을 맞아 집안을 붉은색으로 장식한다.

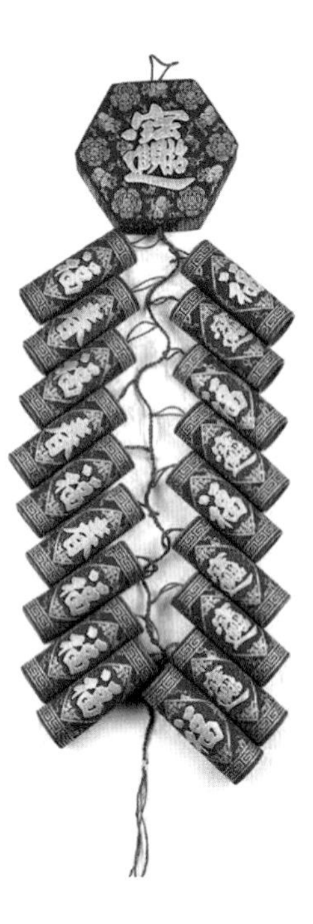

선달 그믐밤 0시, 즉 자시子時가 되면 사람들은 빚어 둔 만두餃子;교자를 먹는 풍습이 있는데요, 이는 갱세교자更歲交子, 즉 '자시에 해가 바뀐다'라는 의미를 가집니다.

섣달 그믐날 밤에는 폭죽을 터뜨리며 파티를 하는데요, 폭죽을 터뜨리는 것은 나쁜 기운을 몰아내고 한 해 동안 순조롭기를 바라는 기원에서 한다고 합니다. 여기에는 두 가지 유래가 있는데요, 하나는 옛날 어느 마을에 포악한 괴물이 살았는데, 해마다 춘절이 되면 마을의 어린아이를 제물로 바치라고 했답니다. 마을 사람들은 이를 막기 위하여 백방의 노력을 하였는데, 그러던 중, 그 괴물이 시끄러운 소리를 가장 두려워한다는 것을 알아내고는, 섣달 그믐이 되면 시끄러운 폭죽을 터트려 괴물이 마을로 내려오지 못하게 했다는 전설이 있습니다. 다른 하나는 '폭죽爆竹'의 중국어 발음이 '복을 알리다'라는 뜻의 보축報祝이라는 단어와 비슷하기 때문이라는 주장도 있습니다.

▲ 만두, 중국에서는 교자라고 한다.

아무튼 중국인들은 폭죽놀이를 위해서 상당히 많은 돈을 낭비하고, 또한 화재의 위험이 높아서 중국에서는 한동안 폭죽놀이를 금지해 왔습니다. 그러나 2005년 9월부터는 정해진 날에 한해서 부분적으로 다시 폭죽놀이를 허용하고 있습니다.

제가 몇 년 전 춘절을 전후하여 중국에 간 적이 있었는데, 한번 폭죽놀이가 시작되면 사방에서 일제히 터트리기 때문에 바로 옆 사람의 말도 들리지 않을 정도로 시끄럽더군요. 춘절의 폭죽놀이는 밤새 계속되기 때문에, 그날 전 호텔에서 한숨도 자지 못했던 기억이 납니다.

여러분도 가장 활기찬 중국의 모습을 보기 원하신다면, 설 연휴에 중국을 한번 방문해 보시기 바랍니다.

Day 29

세뱃돈의 유래

우리도 설이 되면 아이들이 어른들로부터 세뱃돈을 받는데요, 중국에서도 오래전부터 춘절이 되면 아이들은 어른들에게 세뱃돈을 받기도 합니다.

▲ 홍빠오

우리와 조금 다른 점은 세뱃돈을 줄 때 빨간 봉투에 넣어 준다는 점입니다. 이를 홍빠오紅包라고 하는데요, 여기에는 유래가 있습니다.

전통적으로 중국인들은 춘절 전날 밤에 빨간 종이로 세뱃돈을 싸고서 잠든 아이 베개 밑에 넣어 두는데요, 아이는 춘절 아침에 일어나 베개 밑의 세뱃돈을 보고 기뻐합니다.

그렇다면 왜 아이들에게 돈을 주기 시작한 걸까요?

잠시 엽전이라 불리던 우리 옛 화폐의 모양을 떠올려 보시기 바랍니다. 겉은 둥글고 가운데는 네모난 구멍이 있는 이 옛 화폐에는 큰 의미가 실려 있습니다.

돈은 '천원지방天圓地方, 즉 하늘은 동그랗고, 땅은 네모지다'를 상징하는 것입니다. 둥그런 겉은 양의 기운 중 으뜸인 하늘을 상징하고 네모진 구멍은 음의 기운 중 최고인 땅의 모양을 본뜬 것입니다. 이는 음양의 조화를 뜻합니다. 또한, 붉은색은 사악한 기운을 쫓아주는 색이라 여기기 때문에, 아이들이 음양의 조화를 잘 이루어 평안하게 살기를 바라는 마음에서 나쁜 기운을 물리치는 붉은색 천으로 돈을 싸서 춘절에 주었던 것입니다.

이러한 세뱃돈은 '압세전壓歲錢'이라고도 부르는데요, 왜냐하면 '세歲;suì'와 '재앙'이라는 뜻의 '수祟;suì'의 중국어 발음이 같기 때문입니다. 즉 "재앙을 막아주는 돈"이라는 뜻이죠. 최근에는 섣달 그믐날 밤에 집집마다 TV에서 방영하는 춘절 TV쇼를 보면서 새해를 맞기도 합니다.

▼ 천원지방을 상징하는 모양의 옛 화폐

Day 30

춘절의 지역 풍습

예로부터 중국인들은 시작을 매우 중시했는데요, 일년지계재우춘一年之計在于春, 일일지계재우신一日之計在于晨, 즉 한 해의 계획은 봄에 시작되고, 하루의 계획은 아침에 세워진다는 말은 이러한 생각을 잘 표현한 것으로 생각합니다. 또한 선시선종善始善終, 즉 시작이 좋으면 끝도 좋다는 말도 자주 사용하는데, 이러한 생각들이 모여 한 해의 시작인 춘절을 매우 중시하는 것 같습니다.

춘절에는 지방마다 독특한 풍습이 있는데요, 예를 들어 어떤 지방에서는 초하룻날 비구니나 과부를 만나는 걸 꺼린다고 합니다. 이는 비구니를 만나면 도박에서 반드시 진다는 미신과 새해에 과부를 만나면 반드시 홀아비가 된다는 미신 때문이라고 합니다. 또 어떤 지방에서는 국에 밥을 말아 먹는 것을 금지하는데, 이는 일 년 내내 좋은 날 없이 외출하면 비를 맞거나 죽만 먹을 수 있다고 여기기 때문입니다. 이외에도 바느질과 가위바위보를 못하게 하는데, 이는 재물 길, 관직 길을 끊고, 심지어는 자손이 끊긴다고 여기기 때문이라고 합니다.

허베이와 허난 지방에서는 정월 한 달 동안 이발을 못하게 하는데, 그래서 일반적으로 그곳 사람들은 정월 전에 모두 이발을 한다고 합니다.

또한, 춘절 전날 밤인 제석에는 연야반年夜飯이라 하여 그 해의 마지막 식사를 하는데요, 이때는 주로 생선요리를 먹습니다. 이는 생선의 '어魚;yú'라는 중국어 발음이 '여유 있다'는 뜻의 '여余yú'와 같기 때문입니다.

이러한 것들은 비록 미신이지만, 사람들이 새로운 한해에 대해 큰 기대를 품고 자신과 가족들의 모든 일이 뜻대로 되기를 희망하는 바람이 깃들어 있음을 엿볼 수 있습니다.

Day 31

중국의 4대 명절 — 원소절 (1)

중국에서는 춘절이 음력 1월 1일에 시작되어 보름간이나 계속되다가 음력 1월 15일, 즉 원소절元宵節이 되어서야 끝이 납니다. 우리가 정월 대보름이라 부르는 이 날은 해가 바뀌고 처음으로 보름달이 뜨는 날로, 중국의 4대 명절 중 하나입니다.

여러분, 어젯밤에 달을 보셨는지요?

아마 대부분 사람이 보지 않으셨으리라 생각합니다. 왜냐하면 볼 필요가 없기 때문이겠죠. 그런데 옛날에는 매일매일 사람들이 달을 쳐다봤습니다. 지금처럼 전기가 없던 시절, 밤이 되면 어두워서 아무것도 할 수 없었기 때문에, 사람들은 보름달이 뜨기만을 기다렸습니다. 드디어 해가 바뀌고 처음으로 보름달이

▲ 원소절 풍경

뜨는 날인 원소절이 옵니다. 평소에는 밤이 되면 어두워서 아무것도 못 하다가 훤한 보름달이 뜨니 그냥 밤을 보낼 수 없었겠죠. 그래서 사람들은 밖으로 나와 밤새 즐거운 시간을 보냈는데, 이 날이 바로 원소절입니다.

원소절은 또한 밤새 등불놀이를 했기 때문에 등절燈節이라고도 부릅니다. 원소절에 등불놀이를 한 데는 전해오는 전설이 있는데요, 오랜 옛날 천궁을 지키던 신조가 길을 잃어 인간 세상에 내려왔다가 인간들이 쏜 화살에 맞아 죽었다고 합니다. 이 사실을 알게 된 옥황상제는 크게 노하여 정월 대보름에 세상에 불을 질러 인간을 벌하려고 하였습니다. 그런데 이 사실을 알게 된 마음씨 착한 옥황상제의 딸이 이 사실을 인간들에게 전해 주었다고 합니다. 며칠을 궁리한 끝에 한 노인이 묘안을 내놓았는데, 즉 정월 대보름 밤에 집집마다 등불을 내걸어 인간 세상이 마치 이미 화염에 휩싸인 것처럼 보이게 하자는 것이었습니다. 이 묘안은

적중하였고, 인간은 옥황상제의 벌을 피할 수 있었다고 합니다. 이후로 매년 정월 대보름이 되면 집집마다 등불을 내거는 풍속이 생겨났다고 합니다.

Day 32

중국의 4대 명절 — 원소절 (2)

계속해서 원소절의 풍습을 살펴보겠습니다.

원소절에 등을 감상하는 풍습은 동한東漢 명제 때 이미 시작되었는데요, 명제는 승려들이 부처의 사리를 보고 등불을 켜서 부처를 공경한다는 얘기를 듣고 바로 그날 저녁에 황궁과 사원에 등불을 켜서 부처를 공경하라고 명령하였는데, 그날이 바로 정월 15일이었다고 합니다.

◂ 주마등

당나라 때에는 상등嘗燈 행사가 더욱 흥성해져서 황궁과 길거리 곳곳에 등을 매달았고 높고 큰 등 바퀴와 등 나무도 세웠는데, 기록에 의하면 높이가 대략 60여 미터에 이르는 등 나무에 5만여 개의 등을 달기도 했다고 합니다.

등의 종류는 매우 많아서 용 등, 화훼花卉 등, 금수 등, 역사 인물 등, 신화 이야기 등 등이 있었으며, 최근 동북 지역에서는 얼음 등, 즉 빙 등이 유행합니다.

우리가 흔히 '주마등처럼 스쳐 간다'고 말할 때의 주마등 역시 이 시기에 등장한 것으로 등 위에 둥근 원반을 올려놓고 원반 가장자리에 말이 달리는 그림을 붙여 놓은 것입니다. 촛불을 밝히면 등 내부의 공기가 대류 현상을 일으켜 원반이 서서히 돌아가게 되며, 이 등을 달릴 주走, 말 마馬를 써서 주마등走馬燈이라고 합니다.

원소절에는 집집마다 '원소元宵'를 먹는데요, 원소는 바깥 면은 쌀가루이고 안쪽에는 설탕소 혹은 고기소를 집어넣은 동그란 모양의 음식으로 물에 찌거나 기름에 튀깁니다.

후에는 온 가족이 함께 모인다는 의미에서 '단원'과 발음이 비슷한 탕원汤圆, tāngyuán이라 불렀는데, 여기에는 또한 재미있는 사연이 있습니다. 즉 위안스카이袁世凱;원세개 정부 시절, 한밤중에 원소를 파는 사람들이 '위안元;yuán;원샤오宵;xiāo;소!' 하고 외치는 것을 듣고, 이 말이 마치 '위안스카이 소멸'의 줄임말인 '위안元;yuán;원샤오消;xiāo'처럼 들리자, 원소라는 명칭 대신 탕원으로 부를 것을 명령하였다고 합니다.

▼ 원소

Day 33

중국의 4대명절 — 단오절

오늘은 중국 4대 명절 중 세 번째인 단오절에 대해서 소개할까 합니다.

단오절은 음력 5월 5일로, 흔히 5월절이라고도 부르며, 중국에서는 초나라 애국 시인 굴원屈原을 기념하기 위해 만들어졌다고 해서 '시인절'이라고도 부릅니다.

굴원은 전국시대 말기 초楚나라의 정치가 겸 시인으로, 진나라에 대항하기를 주장했으나 초

◀ 굴원

▲ 굴원의 시신 보호를 위해 쭝쯔를 던지는 민화

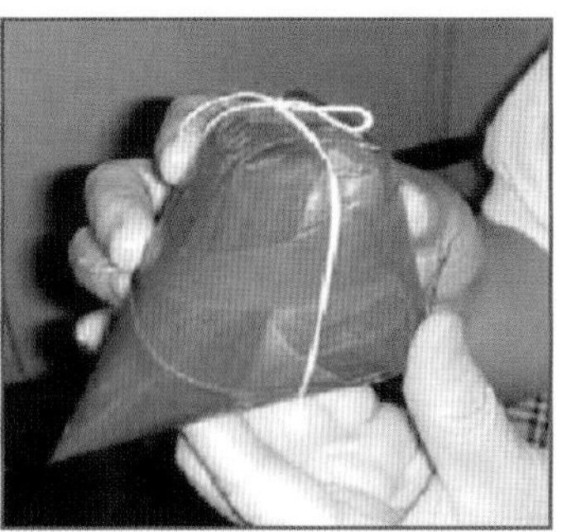

▲ 쭝쯔

나라 왕은 굴원의 주장을 듣지 않고 두 번이나 굴원을 쫓아냈다고 합니다. 후에 진나라 군대가 초나라의 도성인 영성을 점령하자 굴원은 비분강개하여 미뤄 강汨羅江에 뛰어듭니다. 그날이 바로 기원전 278년 음력 5월 5일입니다.

굴원이 강에 뛰어들자 많은 사람이 그를 구하러 급히 노를 저어 갔으나 구할 수 없었습니다. 바로 이것이 유래가 되어 오늘날 중국인들은 단오절에 용주대회賽龍舟를 열어 굴원을 기립니다.

또한, 백성들은 굴원을 구하지 못하자 물고기들이 굴원의 시신을 손상시키지 않도록 하기 위하여 연이어 죽통에 쌀을 담아 강 속에 던졌는데요, 이것이 바로 최초의 쭝쯔粽子인 통종筒粽의 유래입니다.

이후 죽통 대신 대나무 잎이나 갈댓잎을 사용하여 찹쌀을 싸서 삼각형 형태의 끈으로 단단히 묶어서 삶아 익혔고, 이것이 바로 오늘날 즐겨 먹는 쭝쯔가 되었습니다.

단오가 있는 음력 5월은 날씨가 더워지기 시작하여 각종 해충과 뱀 등이 번성하기 때문에 농민들은 일손이 바빠집니다. 이 때문에 중국인들은 음력 5월을 미워할 오惡를 써서 오월惡月이라 부르며 대문에 창포를 꽂고 부적을 붙이며 웅황주雄黃酒를 마십니다. 왜냐하면, 창포는 구충의 역할을 하고 창포 뿌리를 말려 빚은 웅황주 역시 소독의 역할을 하기 때문입니다.

Day 34

중국의 4대 명절 — 중추절

오늘은 중국 4대 명절 중 마지막인 중추절中秋節에 대해서 소개할까 합니다. 우리의 추석인 중추절은 그 유래가 아주 오래되었습니다. 고문헌 기록에 의하면 일찍이 주나라 때 이미 풍년을 기원하기 위하여 달을 향해 절을 하는 의식이 있었다고 합니다. 이후 민간에서도 점차 달에게 제사를 지냈고, 또한 달을 감상하는 풍습이 생겨났는데, 이것이 중추절의 유래가 되었다 합니다.

중국에서는 계절의 중간을 '중'이라고 하는데, 음력 8월 15일은 가을의 한가운데이므로 '중추'라고 부릅니다.

중추절에는 둥근 달의 모양을 본떠 만든 월병을 먹는데요, 이

▲ 월병

같은 풍습은 당나라 때부터 시작되었다고 합니다. 월병은 '가족이 함께 모이다'라는 의미를 지니며, 다양한 소를 넣고 아름다운 문양을 찍어 내기도 합니다.

중추절은 춘절 다음가는 큰 명절이라고는 하지만 현재 중국은 중추절에 쉬지 않습니다. 따라서 과거에는 온 집안사람들이 한자리에 모여서 중추절을 보냈으나, 지금은 그렇지 못합니다.

달과 관련된 신화 중에서는 항아嫦娥가 달로 달아난 이야기가 가장 유명합니다. 즉 고대 중국에 갑자기 열 개의 태양이 함께 떠서 온갖 식물이 말라죽고 사람들은 고통에 허덕였다고 합니다. 이때 예羿가 나타나 아홉 개의 태양을 활로 쏘아 떨어뜨렸고, 이로 인하여 불로장생약을 얻게 됩니다. 그러나 그의 아내 항아는 이 약을 몰래 훔쳐 먹었고, 이후 날개가 돋아 달나라로 훨훨 날아 도망갔다고 합니다. 항아는 달에서 옥토끼 한 마리와 함께 살았다고 하는데, 우리의 전래동요 중 '계수나무 한 나무, 토끼 한 마리'도 바로 이같은 신화에서 유래된 것으로 보입니다.

▲ 항아가 달나라로 날아가는 상상도

Day 35

청명절과 한식

오늘 중국의 4대 명절 외에 청명절清明節에 대해서 소개할까 합니다.

음력 24절기 중의 하나인 청명절은 양력 4월 4일이나 5일 정도에 해당합니다. 예로부터 중국인들은 청명절에 성묘하는 풍습이 있었고, 또한 교외에 나가 봄의 경치를 감상하기도 합니다.

이를 '답청'이라 하였고 이로 인해 청명절은 '답청절踏青節'이라고도 합니다.

청명절 유래에 대해서는 재미있는 고사가 전해지는데요, 청명절은 춘추시대 진문공晉文公인 중이重耳가 개자추介子推를 애도한데서 비롯되었다고 합니다. 기원전 655년, 중이는 왕위에 오르기 전에 계모의 음모를 피하기 위하여 개자추 등의 대신들과 떠돌이 생활을 하면서 많은 고충을 겪었다고 합니다. 어느 날 중이가 굶

▲ 개자추와 어머니의 고사

주려 땅에 쓰러지자 개자추는 자신의 허벅다리 살을 베어내 중이에게 삶아 주었고, 중이는 회복됩니다. 19년 뒤에 중이는 왕위에 올랐고, 자신을 도왔던 공신들에게 상을 내렸는데 깜빡 잊고 개자추에게는 아무런 상도 내리지 않았습니다. 개자추는 자신의 공을 다투기 싫어 어머니와 함께 면산으로 은거해 버립니다. 이 사실을 뒤늦게 안 문공은 친히 면산으로 가서 그를 찾았으나 찾지 못했습니다. 문공은 개자추가 효자이므로 산에 불을 지르면 자기 어머니를 위해서라도 산에서 내려올 것으로 생각하고 산에 불을 질렀지만, 끝내 개자추는 산에서 내려오지 않고 버드나무를 끌어안은 채 불에 타 죽었다고 합니다. 버드나무 구멍 속엔 정치를 '청명'하게 해 달라는 혈서가 남겨져 있었습니다. 문공은 후에 개자추를 추모하기 위해 그 날을 한식절寒食節로 정하고, 이날만은 불을 지피지 말고 찬밥을 먹도록 하였다고 합니다.

이 같은 고사는 아마도 이 시기에 많은 사람이 성묘도 하고 교외에 나가는 시기여서 많은 산불이 났기 때문에, 화재를 줄이기 위하여 만들어졌을 가능성이 있습니다.

Day 36

중양절과 국화주

오늘은 중국의 명절 중 중양절重陽節에 대해서 소개할까 합니다.

중국인은 예로부터 홀수는 양의 수, 짝수는 음의 수라 여겼습니다. 양의 수 중에서 가장 큰 수인 9가 두 번 겹치는 음력 9월 9일이 바로 중양절이며, 중구절重九節이라고도 부릅니다.

이날엔 높은 가을 하늘 아래 맑은 공기를 마시며 높은 곳에 올라 경치를 관망하면서 중양 떡重阳糕을 먹고 국화주를 마시는 풍습이 있는데요, 여기에는 재미있는 고사가 있습니다.

후한시기에, 불장방弗長房이라는 선인이 살았는데, 그에게는 환경桓景이라는 제자가 있었습니다. 어느 날 불장방은 환경을 불러 음력 9월 9일, 큰 재난이 닥칠 것이라고 하면서 가족 모두가 빨간 주머니에 산수유를 넣어 팔뚝에 동여맨 다음, 높은 산에 올라 국

▲ 구충과 한열 예방에 효과가 있는 산수유 열매

화주를 마셔야 재난을 피할 수 있을 것이라고 하였습니다. 부랴부랴 집에 돌아온 환경은 스승의 충고대로 산수유를 넣은 빨간 주머니를 팔뚝에 차고 높은 곳으로 피신하였다고 합니다. 저녁에 집으로 돌아와 보니 소, 양, 개, 닭 등 집에 있던 가축은 모두 죽어 있었습니다. 그후 이 소문이 퍼지면서 중양절에 높은 곳에 올라 국화주를 마시는 풍습이 생겨났다고 합니다.

국화는 간 기능을 강화시키고 눈을 밝게 해주며 중풍을 예방하고 열을 내리게 하는 기능이 있습니다. 산수유는 모기를 쫓고 벌레를 방지하며 추위를 막고 독을 없애는 약효를 지니고 있습니다.

이 두 가지가 합쳐지면 바로 구충과 한열 예방에 효과가 있는데요, 아마도 가을을 맞이하여 겨울에 대비하여 구충과 감기 예방을 하려는 생각이 이 같은 고사를 만들어낸 것 같습니다.

요즘 조석으로 제법 쌀쌀한데요, 여러분도 오늘 국화차 한잔 하시기 바랍니다.

▲ 구충과 한열 예방에 효과가 있는 국화차

Day 37

중국의 대표적 기념일 (1)

오늘은 중국의 대표적 기념일에 대해서 알아보겠습니다.

우리도 달력을 보며 빨간 날을 기다리듯이 중국인도 공휴일을 손꼽아 기다립니다. 그런데 중국에는 음력 기준의 전통 명절에는 공휴일이 많은 편이지만, 양력 기준의 기념일은 공휴일이 별로 없는 편입니다.

우선 양력 1월 1일은 원단元旦이라 부르며 3일의 휴일을 갖습니다. 음력 1월 1일, 즉 춘절에 7일간의 휴일을 갖는 것에 비하면 조금 짧은 편입니다.

3월 8일은 부녀절婦女節이라 부르며 지역에 따라 직장 여성에게 하루의 휴가를 주기도 합니다. 최근에는 아내를 위한 날이라는 의식이 강해졌습니다.

5월 1일은 노동절勞動節이라고 하여 4월 29일에서 5월 1일까지 3일간의 휴가를 보냅니다. 그러나 실제로는 여전히 7일 정도의 휴가를 갖는 곳이 많습니다.

노동절은 '노동자들의 이상주의'를 표방하는 중국에서는 큰 의미를 지닙니다. 한국에 갑자기 많은 중국인 관광객이 몰려올 때가 있는데요, 이때가 되면 길거리에서 중국 관광객을 쉽게 찾아볼 수 있을 것입니다.

5월 4일은 청년절年靑節이라고 합니다. 이날은 중국 청년들이

▲ 마오쩌둥이 중화인민공화국의 탄생을 알리는 장면

반제국주의, 반봉건주의를 표방하며 5·4운동을 발기한 날입니다. 이러한 전통을 계승하기 위하여 청년절로 지정하고 각종 기념 활동을 하지만, 공휴일은 아닙니다.

6월 1일은 아동절兒童節이라 부르는데, 이날은 세계 아동의 날입니다. 중국 역시 이 날을 아동절로 정하고 각종 경축 행사를 하지만, 공휴일은 아닙니다.

10월 1일은 국경절國慶節입니다. 1949년 10월 1일, 마오쩌둥은 천안문 광장에서 중화인민공화국의 탄생을 선포하였고, 이후 매년 10월 1일에 경축행사를 하며, 7일간의 휴가를 보냅니다.

Day 38

중국의 대표적 기념일 (2)

오늘도 중국의 기념일에 대해서 살펴보겠습니다.

7월 1일은 공산당 창립기념일이고, 8월 1일은 인민해방군 창군일, 9월 10일은 교사절^{教師節}입니다. 교사절은 간호사의 날, 기자의 날과 함께 3대 전문 직업과 관련된 기념일입니다.

11월 11일, 빼빼로 데이는 아직 없다고 합니다만, 중국의 젊은 이들도 2월 14일에 밸런타인데이를 즐기는데요, 청인절^{淸人節}이라고 부르며 사랑하는 사람에게 꽃을 선물합니다.

이처럼 현대의 중국 여성들은 남성과 평등한 지위를 점하며 동공동수, 즉 똑같이 일하고 똑같이 돈을 법니다. 그러니 집안에서의 아내 지위는 남편과 동등하며, 결혼을 할 때도 집안 가사일은 남녀가 똑같이 하겠다는 맹세도 합니다.

제가 몇 년 전에 상하이에서 신문을 보다가 좀 이상한 부분이 있어서 자세히 읽었던 기억이 납니다.

제목인즉슨 이제 가사일을 남녀가 똑같이 하자였는데, 문맥이 영 제 예상과는 다르더라고요, 알고 봤더니 그 기사를 투고한 사람은 여성이 아니라 남성이었습니다.

즉 당시 상하이 지역 신혼부부의 경우, 가사의 약 70%를 남편들이 하고 있었다고 합니다. 그래서 이제는 남녀가 50%씩 똑같이 했으면 좋겠다는 글을 한 남자가 신문에 투고한 것입니다.

물론 오늘날에도 도시냐 농촌이냐에 따라 여성들의 사회적 지위 차이가 크게 납니다만, 도시 여성의 경우, 사회적 지위는 남성을 능가할 만큼 높아졌습니다. 그러나 중국 여성들의 사회적 지위가 이처럼 높아진 것은 불과 몇십 년밖에 되지 않았습니다. 그전에는 사회학자들의 주장으로는 중국 전통사회에서 남성의 지위가 플러스 1이었다면 여성들은 제로가 아닌 마이너스 1일에 해당할 만큼 여성들의 사회적 지위는 형편없이 낮았습니다.

그런데 어떻게 불과 몇십 년 만에 이렇게 큰 지위상의 변화가 일어났을까요?

여성과 결혼, 장례 문화

Day 39

전통 중국여성의 속박 — 전족 (1)

중국 전통사회를 붕괴시킨 세 가지 원인을 많은 학자는 봉건제, 환관, 전족이라고 말합니다. 그만큼 전족은 전통 중국사회에 많은 영향을 끼친 악습입니다.

전족이란 여성의 발을 자라지 못하도록 어릴 때부터 발을 꽁꽁 싸매던 풍습인데요, 전해오는 설에 의하면 당 이후 남당 후주의 빈이었던 요낭이 흰 비단으

◂ 전족한 여인들이 신었던 신발. 9㎝ 정도 된다.

로 발을 감싸고 초승달 모양으로 발끝을 구부려 금으로 만든 연꽃 안에서 춤을 추었는데, 그 모습이 가냘프고 아름다워 세상 사람들이 그것을 흉내 내면서 시작되었다고 합니다.

전족을 한 성인 여성의 발은 대략 10㎝, 그래서 전족한 발을 세 촌의 금 연꽃, 즉 삼촌금련三寸金蓮이라고도 표현합니다.

여성을 감상용으로 취급했던 봉건시대의 유물인 전족은 신체의 발육과 활동을 제약하면서 여성의 몸매, 걸음걸이에도 영향을 끼쳤고, 이러한 전통은 천여 년을 이어왔습니다.

송대에 이르러서는 전족이 더욱 확산하였고, 원대에 와서는 여성이 만약 전족을 하지 않으면 반쪽 미인이라고 웃음거리가 될 정도였습니다.

청대 초기에는 여성의 전족을 낡은 풍습이라고 여겨 금지했으나, 강희 17년에 다시 전족의 풍조가 살아나 결국 신해혁명 때까지 중국 여성들은 전족의 공포와 함께 살아야 했습니다.

전족은 대략 네다섯 살부터 시작하는데 발을 싸맬 때는 먼저 엄지발가락을 제외한 네 발가락을 발바닥 쪽으로 구부리고 흰색 천 띠로 꽉 맵니다. 발 모양이 고정되면 끝이 뾰족한 신을 신는데, 낮에는 집안사람들이 잡고 다니며 피가 나게 하고, 밤에는 발을 칭칭 감아 풀어지는 것을 방지했다고 합니다.

7, 8세가 되면 다시 발가락뼈를 구부려 단단히 밀봉하고, 이후 매일 조금씩 더 단단히 매서 발을 변형시키며, 이렇게 하다 보면 결국엔 엄지발가락으로만 걸어 다니게 됩니다. 이는 육체적인 속박뿐만 정신적으로도 많은 억압을 한 셈이라고 생각합니다.

Day 40

전통 중국여성의 속박 — 전족 (2)

어제 소개한 전족은 청대까지 성행하여 만주족 여성들도 작은 발을 흉내 냈습니다. 이것은 고귀한 신분의 상징이 되기도 했습니다. 즉 상류층에서는 '발 할미'라 부르는 전족 전문가들을 불러 전족을 하였습니다. 이들은 솜씨가 좋아 아이들의 고통도 덜하였고 완성 후에도 더 맵시가 좋았다고 합니다.

이처럼 상류층에서의 전족은 몸을 꽉 죄어 행동을 불편하게 만든 서양의 코르셋이 상류층 부녀자들 사이에 유행했듯이 노동이 필요없는 계층임을 의미하는 것이기도 했습니다.

전족이 이렇게 성행한 것은 곱고 작은 발을 선호하는 남성들의 기이한 취향과 그것에 부응하고자 했던 여성들의 심리에서 원인을 찾을 수 있습니다.

또한, 남성의 입장에서 보면 여성들의 행동에 제약을 가해 외부와의 빈번한 접촉을 막음으로써 정조를 지키도록 하고, 또 하체의 근육을 긴장시켜 성적 능력을 배가시키려는 것이 실질적인 목적이었다고도 할 수 있습니다.

그러나 천여 년을 지속해 온 전족에 대해서 중국 내부에서도 비판의 목소리도 컸는데요, 예를 들어 청대의 원매袁枚는『독외여언』에서 "어린아이의 수족을 해쳐서 아름다움을 구하려고 하는 것은 부모의 유골을 불태워 복을 구하는 것과 같다"고 비판하였고, 이여진李汝珍은『경화연』이란 소설에서 "코가 큰 사람이 그것을 베어 작게 하고, 광대뼈가 높은 사람이 그것을 깎아 평평하게 하면 사람들은 반드시 그를 장애인이라고 생각할 것인데, 어째서 두 발이 없어져 버려 걷기도 어려운 것을 아름답다고 하는가?"라고 그 비합리성을 질타하였습니다.

이처럼 천여 년 동안 여성들에게 고문을 가하던 전족은 신해혁명 이후 점차 자취를 감추었으나 작고 섬세한 발은 여전히 미적인 것으로 선호되었으며, 최근에 와서야 이러한 고정관념도 타파되었습니다.

Day 41

현대 중국여성의 사회적 지위

전족으로 대변되는 전통 중국사회에서 여성의 지위는 중화인민공화국 설립 이후 수십 년 만에 남성에 버금가는 지위로 향상되었습니다.

오늘은 그 배경에 대해서 살펴보고자 합니다.

1949년 10월 1일, 마오쩌둥은 천안문 광장에서 새로운 중국의 탄생을 알리며, 빤삐엔티엔半邊天, 즉 여성도 하늘의 절반을 떠받들 수 있다는 말을 합니다. 이 한마디 말의 파급력은 매우 커서 수천 년 동안 억압 속에 눈물을 흘리던 중국의 부녀자들은 '동공동수', 즉 남성과 똑같은 일을 하며 똑같은 보수를 받는다는 정책에 힘입어 그 지위가 급상승합니다.

또한, 1958년부터 1960년까지 중국에서는 '사회주의 건설 총노선' 등 사회 전반을 사회주의로 개조하기 위한 농공업의 대증산 정책이 실시되는데, 이것을 대약진 운동大躍進運動이라고 부릅니다.

이 시기 마오쩌둥 정부는 많은 노동력이 필요했는데, 상당수의 부녀자들이 집안일과 양육 등을 이유로 사회주의건설 현장에 나오지 못한다는 것을 알고는, 마을마다 공동 탁아소와 공동 식당을 만들기 시작합니다. 즉 매일매일 가족들의 식사를 준비하다가 이제는 자기가 당번인 날만 공동 식당에 가서 마을 전체의 먹거리를 준비하면 되고, 매일매일 자녀들을 직접 돌볼 필요없이 공동 탁아소에 맡기면 된다는 것입니다.

이렇게 집안의 가사노동에서 해방된 부녀자들은 남성들과 똑같이 일하고 똑같은 보수를 받게 되었으며 중국 여성들의 사회적 지위는 눈에 띄게 높아졌습니다.

오늘날에도 중국의 도시 여성들은 거의 대부분 맞벌이를 하며, 가사를 남편과 반반씩 나누어 합니다. 많은 여성은 어린 자녀들을 탁아소에 맡기고 자녀양육의 부담으로부터 해방된 삶을 삽니다.

불과 30·40년 만에 중국 여성의 사회적 지위는 예전과는 비교도 할 수 없을 정도로 급상승한 것입니다.

Day 42

중국의 전통 혼례

오늘은 중국의 전통 혼례에 대해서 살펴보고자 합니다.

혼례는 중국에서 상례와 함께 가장 중시됐는데, 왜냐하면 전통사회에서 혼례는 단순히 성인 남녀의 결합이 아니라 집안과 집안의 결합을 의미하는 것이었기 때문입니다.

그래서 중국에서는 일찍이 서주西周시기부터 혼인에 대한 엄격한 규정이 있었고, 한대에 와서는 소위 육례라고 일컫는 혼인 절차가 완비되었습니다.

육례六禮란 납채納采, 문명問名, 납길納吉, 납징納徵, 청기請期, 친영親迎의 여섯 단계를 말하는데요,

먼저, 납채란 신랑 측에서 신부 측에 혼인 의사를 전하는 절차로 중매인을 통하여 예물을 보내 혼담을 꺼내는 것입니다.

둘째, 문명이란 신랑 측에서 홍첩紅帖과 예물을 신부 측에 보내고, 신부 측에서는 홍첩에 신부의 부모, 조부, 증조부 등 근친의 이름과 관직, 신부의 이름, 생년월일 등을 적어서 신랑 측에 보내는 것입니다.

셋째, 납길이란 홍첩에 적혀진 신부 측 자료를 가지고 신랑 측 조상의 패위 앞에서 점을 치고, 점의 결과가 좋으면 그 결과를 중매쟁이를 통하여 신부 측에 통보하고 정식으로 청혼을 선포하는 것입니다.

넷째, 납징이란 신랑 측에서 신부 측에 혼인의 징표로 예물을 보내는 단계입니다. 예물에는 주로 기러기가 많이 포함되었다고 합니다.

다섯째, 청기란 신랑 측에서 신부 측에게 혼인 날짜를 정해달라고 청하는 절차입니다.

마지막, 친영이란 신랑이 신부를 데려오는 절차입니다. 이렇게 하면 육례가 모두 완성되며 신부는 정식으로 신랑의 처가 됩니다.

육례 중에서 마지막 단계인 친영을 제외하고는 남녀 당사자는 서로 만날 기회가 없을 뿐만 아니라 근본적으로 혼담에 참여할 권리도 없습니다. 순전히 부모에 의해서 혼인이 결정되었습니다.

Day 43

현대 중국의 혼인 절차

전통 중국사회에서는 관혼상제의 예법이 매우 중시되었습니다. 현대 중국사회에서 관례는 사라지고 제례 또한 매우 간소화되었으나 여전히 많은 사람이 혼례와 상례를 중시하고 있습니다.

현대 중국의 혼인 절차에 대해서 소개하자면, 우선 남자는 22세, 여자는 20세가 되면 부모의 의사와 상관없이 결혼할 수 있으며 결혼 절차 역시 매우 간소화되었습니다. 즉 남녀가 결혼을 하려면 우선 정부 산하의 결혼 등록 부서에 가서 결혼 등록을 해야 하는데, 법률상 정해진 절차는 크게 세 단계입니다.

먼저, 결혼 의사를 각자의 직장에 보고하고 '미혼 증명서'를 발급받아야 합니다.

둘째, 부부생활에 영향을 줄 수 있는 질병이 없는지 건강검진을 하여 건강진단서를 발급받아야 합니다.

마지막으로 이 두 가지 서류와 혼인신고서를 결혼 등록 부서에 제출하여 '결혼증명서'를 취득합니다.

▲ 결혼증

이렇게 세 단계를 거쳐 결혼증명서를 발급받으면 결혼식을 거행하지 않더라도 정식으로 부부관계가 성립하고 법률적으로 부부로서 보호를 받습니다.

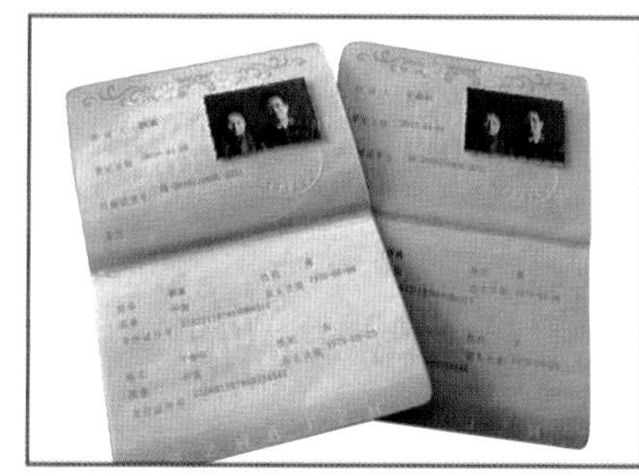

▲ 결혼증의 속지, 부부가 함께 찍은 사진이 붙어 있어야 한다.

재미있는 것은 신중국 성립 이후 자유연애 사상이 널리 퍼졌는데, 시대별로 선호하는 신랑감이 있다는 점입니다.

예를 들어 1950년대에는 공산당원의 소개로 결혼하는 것을 선호하였고, 1960년대에는 노동자와 군인 출신을 좋은 신랑감으로 여겼으며, 1970년대에는 지식인, 1980년대에는 경제력 높은 사람을 선호했고, 1990년대에는 외국인과 결혼하여 이민 가는 것이 유행하였습니다. 현재는 해외에 거주하는 화교와 혼인하는 것을 선호한다고 합니다. 이 같은 현상은 1950년대 이후 중국의 사회상을 어느 정도 반영하고 있다고 보입니다.

Day 44

현대 중국의 결혼풍속도 (1)

오늘은 현대 중국의 결혼 풍속도에 대해서 소개할까 합니다.

1950·60년대의 결혼식은 매우 소박하게 치러졌다고 합니다. 즉 신랑은 중산복中山服을 입고 신부는 붉은색 옷을 입었으며 꽃과 마오쩌둥 어록집을 들고 사진을 찍고, 하객도 양가의 가족만 초청하여 식사 한 끼 하는 정도로 간소했다고 합니다.

1970년대 중반까지도 검소하게 치러졌는데요, 재미있는 것은 혼수로 3전轉이 인기 있었다고 합니다. 3전이란 세 가지 돌아가는 것을 말하는 것으로 선풍기, 자전거, 재봉틀입니다.

축의금도 돈 대신 이불이나 고기, 가구 등을 선물하는 것이 유행이었고, 신랑은 중산복을, 신부는 붉은색 옷을 입고 가족과 가까운 친구를 초대하여 식사를 하고 선물로 사탕이나 담배를 나누어 주는 정도로 조촐하게 치러졌습니다.

그러나 80년대 이후, 개혁개방과 함께 경제적으로 여유가 생기고 경제적 능력이 사람의 능력을 판단하는 중요한 기준이 되면서 결혼식 모습에도 차츰 변화했습니다. 즉 이전과 같은 소박한 결혼식은 체면이 손상되는 일로 여겨졌고, 경제적으로 부담되더라도 가능한 성대한 결혼식을 치르려고 합니다.

요즘은 식당이나 호텔을 빌려서 결혼식과 피로연을 함께하는 것이 일반적인데요, 최근에는 대도시를 중심으로 전문 예식장이 생겨서 많은 젊은이가 선호한다고 합니다. 결혼식 당일 신랑은 신부의 집으로 가서 신부와 하객을 모시고 결혼식장으로 향하는데, 이때 신랑, 신부와 하객들이 타고 이동하는 자동차의 등급으로 결혼식의 성대함을 판단하기 때문에, 신랑은 무리를 해서라도 여러 대의 외제 차를 동원한다고 합니다.

저도 중국에서 결혼식에 몇 차례 가본 적이 있는데요, 마치 영화에 나오는 한 장면처럼 신랑 신부가 고급 외제 차에서 내리는 모습이 인상적이었던 것 같습니다.

▲ 결혼식 차량 행렬, 노란 스포츠카에 신랑, 신부가 타고, 나머지 붉은색 고급차에는 친인척과 친구들이 탄다.

Day

45

현대 중국의 결혼풍속도 (2)

오늘은 현대 중국의 결혼식 당일 신랑 신부 일정에 대해서 소개하겠습니다.

▲ 중국 여성의 전통 복장인 치파오

우선 결혼식 전날, 신부 측의 남성이 신혼집 침대에 잠시 눕고, 호두, 땅콩, 대추 등을 이불 속에 뿌립니다. 이는 악귀를 쫓아내고 누이의 다산을 기원하는 데서 유래되었다고 합니다.

결혼식 당일이 되면, 신랑은 아침 일찍 신부의 집으로 이동합니다. 신부 측에서 대문을 열어주면 대문 앞에 미리 놓여진 화분을 뛰어넘습니다. 그다음 신부의 신발을 찾아 신부에게 신

▶ 현대의 결혼 풍속도. 전통 복장 대신 드레스와 양복을 즐겨 입는다.

▶ 결혼식 피로연

겨 주고, 신부의 부모님께 절을 합니다. 이때 신부 측 부모님은 덕담을 해주는 것이 관례라고 합니다.

그다음 신부를 업고 웨딩카로 이동하는데, 이때 신부의 발이 땅에 닿으면 안 된다고 합니다. 대략 10시, 11시쯤 식장에 도착하면, 전통 복장인 치파오旗袍로 갈아입고 예식장 입구에서 손님을 맞습니다. 이때 복을 알리기 위하여 폭죽이 터지기도 합니다.

▲ 호텔이나 큰 식당을 빌려 종일 피로연을 한다.

하객들이 입장하면 신랑 신부도 식장으로 입장하고, 사회자의 진행에 따라 절을 세 번 하는데요, 첫 번째 절은 양가 부모에게, 두 번째 절은 부부간에, 세 번째 절은 하객에게 합니다. 이렇게 하면 우선 결혼식의 첫 절차가 끝난 셈입니다.

신랑 신부는 현대 복장으로 갈아입고 다시 식장으로 입장하여 예물을 교환합니다. 그다음 테이블을 돌며 하객들에게 인사를 하고 술을 권합니다.

점심을 마치고 나서 손님을 배웅하며, 첫날밤은 신혼집에서 휴식을 취하기도 하고, 가까운 친구들을 초대하여 밤새 즐겁게 여흥을 즐기기도 합니다.

3일 뒤, 신랑이 처가에 방문하여 성대한 식사를 하는데, 이로써 결혼식을 모두 마친 셈입니다. 우리와 다른 점은 주례사가 없으며, 신혼 여행 대신 신혼 휴가를 주로 즐기고, 결혼축의금을 흰 봉투가 아닌 붉은색 봉투, 즉 홍빠오에 넣어 준다는 점입니다.

Day 46

현대 중국의 이혼 문제

요즘 우리나라도 황혼 이혼부터 신혼 이혼까지 이혼율이 높아져서 사회적으로 문제가 되고 있는데요, 중국 역시 높은 이혼율로 골머리를 앓고 있다고 합니다.

고대 중국의 경우, 이혼과 관련하여 칠거삼부거七去三不去라는 말이 있었는데요, 즉 아내가 불효하거나 불임이거나, 바람을 피거나 질투를 하거나, 악처이거나 수다쟁이거나, 도둑질을 하면 남성은 여성을 쫓아낼 수 있었다고 합니다. 이를 칠거七去라고 합니다.

반면 삼불거三不去는 결혼 후에 여성의 친정 식구가 모두 죽어 돌아갈 곳이 없거나, 시부모의 삼년상을 남편과 함께 치르거나,

결혼 전에는 가난했으나 결혼 후에 부자가 된 경우에는 삼불거라 하여 남성도 함부로 여성을 내쫓지는 못했다고 합니다.

이러한 전통의 영향으로 중국은 신중국 성립 이전까지는 남녀 이혼에 대한 자유가 없었습니다. 즉 남성은 원하는 경우, 여성과 이혼할 수 있으나, 여성은 자유롭게 이혼할 수 없었다고 합니다.

신중국이 세워진 후, 1950년에 처음으로 이혼법이 제정되었으나, 여러 가지 정치적인 원인으로 현실화되지 못하다가 1980년에 다시 제정되었습니다.

1980년에 제정된 이혼법은 총 5장 37조로 구성되었는데, 원칙적이고 개괄적인 내용만 규정하였기에 개정 및 보완에 대한 요구가 끊임없이 있었고, 20년이 지난 2001년에야 비로소 현실에 맞게 개정되었습니다.

최근 중국은 급속한 경제 성장과 함께 이혼하는 부부 역시 꾸준히 늘고 있다고 합니다. 이를 신조어로 섬혼閃婚, 섬리閃離라고 합니다. 마치 불꽃이 번쩍이듯이 결혼하고, 곧 이혼하는 현실을 반영하여 새로 만들어진 단어입니다.

이렇게 빨리 결혼하고 빨리 이혼하는 주인공들은 모두 1980년대 이후 태어난 독생자녀獨生子女, 즉 외동딸, 외동아들입니다. 이들은 결혼을 빨리하는 만큼 이혼도 빨라서 사회적인 문제가 되기도 하는데요, 내일 계속해서 현대 중국의 이혼 풍속도에 대해서 살펴보겠습니다.

Day 47

소황제와 높은 이혼율

1978년 이후 중국의 산아제한정책으로 태어난 독생자녀들이 어느새 30대가 되었습니다. 이들은 전통적으로 다산을 중시하던 중국인에게 매우 소중한 존재였습니다. 중국에는 421종합증이란 말이 있었는데요, 이는 네 명의 할아버지, 할머니, 외할아버지, 외할머니와 두 명의 부모, 즉 여섯 명의 어른이 한 명의 아이에게 온갖 사랑을 쏟아부은 나머지 생겨난 사회적 문제를 지칭합니다.

제가 예전에 중국의 한 TV 뉴스에서 본 기사가 생각나는데요, 어느 집에 외동딸이 있었는데, 삶은 달걀을 무척 좋아했다고 합니다. 이 외동딸이 초등학교에 입학하게 되었는데, 부모는 그 아이가 삶은 달걀을 좋아하니까 학교에 갈 때 삶은 달걀을 몇 개 넣어 주었다고 합니다. 그런데 그 아이는 달걀을 먹지 않고 집으로 왔습니다. 며칠을 반복하다가 그 엄마는 학교에 찾아가 담임 선생님께 상담합니다. 우리 딸이 그토록 좋아하는 달걀을 학교에서 먹지 않는다고, 무슨 문제가 있는 거 아니냐며 걱정을 합니다. 결국 담임 선생님이 그 아이를 불러, '왜 먹지 않았니?'라고 물어보자, 그 아이는 머뭇거리다 '껍질을 어떻게 까야 하는지 몰라서요'라고 대답을 합니다. 매일 집에서 할머니가 까주던 달걀만 먹다가 막상 자신이 껍질을 까려니 어떻게 까야 할지 몰라서 못 먹었다는 말입니다.

이런 독생자녀들은 친구의 소개로 만나 몇 번 전화 통화를 하고는 결혼을 하는 경우도 있습니다. 이들이 이혼까지 가는 데 걸리는 시간은 대략 6개월 정도라고 하니 사회적인 문제가 될 만도 한 것 같습니다.

실제로 2008년 충칭 시 통계에 의하면 결혼 후 1년 이내 이혼율이 25.7%로, 72,860쌍이 결혼하면, 이 중 18,730쌍이 1년 내 결혼하고 1년 내 이혼한다고 합니다.

2012년 통계에 의하면 이혼율이 높은 도시는 베이징이 39%, 상하이 36.25%, 선전深圳 36.23%, 광저우廣州 35%, 샤먼廈門 34.9%로 나타나는데요, 결국 경제적으로 풍족한 도시의 이혼율이 높다는 결론입니다.

Day 48

중국의 전통 장례 문화

오늘은 중국의 장례 문화에 대해서 살펴보겠습니다.

전통적으로 중국사회는 유교문화의 영향으로 장례 절차가 매우 복잡하고 까다로웠으며, 이미 주나라 때부터 엄격한 절차와 예법이 만들어졌습니다.

전통적인 장례 절차를 간단히 소개하자면, 우선 '소렴小殮'이라하여 망자의 시신을 청결하게 한 후 준비된 수의로 갈아입히는 단계입니다. 그 다음 망자의 입에 돈이나 옥을 넣고 시신을 관에 넣는 '입관入棺' 절차입니다. 다음 단계는 대렴大斂인데, 제단을 설치하고 친지들의 조문을 받습니다. 그다음의 부장副葬은 망자가 생전에 즐겨 사용하던 물건을 관에 넣는 절차입니다. 다음은 소지전燒紙錢으로 종이돈을 태우는 것이며, 마지막으로 송장送葬은 시신을 묘지에 안치하는 단계입니다.

여기서 '소지전'이란 종이 돈을 불로 태워 그 연기를 하늘로 올려보내는 것인데, 전통적으로 중국인들은 저승세계에서도 돈이 필요하다고 여긴 데에서 유래했다고 합니다. 여기에는 제법 오래된 유래가 있는데요, 우선 하夏나라 때에는 살아있는 사람이나 진귀한 보석을 함께 순장하는 풍습이 있었다고 합니다. 이후 춘추시대에는 살아있는 사람 대신 나무나 흙으로 만든 사람 모양의 목용이나 토용을 순장하였고, 한나라 때는 이런 것 대신 돈을 직접 부장했다고 합니다. 그런데 진짜 돈을 부장하다 보니 도굴꾼들이 돈을 노리고 묘를 훼손하는 일이 많아졌다고 합니다. 하여, 종이로 만든 가짜 돈을 대신 부장하기 시작했다고 합니다.

오늘날에는 종이돈 말고도 평소 망자가 좋아하던 자동차, 집 등 갖가지 모양의 지전이 사용되고 있으며, 심지어 코카콜라 모양의 지전도 있다고 합니다.

가끔 홍콩 영화를 보면, 유덕화 같은 멋진 배우가 어머니의 기일에 건물 옥상에 걸터앉아 종이돈을 태워 보내며 오열하는 장면이 나오는데요, 이런 것이 바로 '소지전'입니다.

Day 49

현대 중국의 장례 문화

오늘은 현대 중국의 장례 문화에 대해서 소개할까 합니다. 복잡하고 까다로웠던 중국의 전통 장례 절차는 신중국 성립 이후 매우 간소화되었습니다. 요즘에는 전문 장례식장까지 생겨나면서 장례의 모든 절차를 대행하기도 합니다.

우선 누군가 사망하면 공안국에 사망신고서를 제출하고 유족은 빈의관에 연락하여 시신을 운구차로 빈의관까지 이송합니다. 빈의관이란 현대 중국에서 새로 생겨난 일종의 장례 대행업체로 장례식과 화장, 그리고 납골까지 빈의관에서 모두 도와줍니다.

빈의관에서 소정의 수속을 거친 후, 시신을 안치하는데, 이때는 향을 사르고 초를 켜며 지역에 따라서는 폭죽을 터트리는 풍습도 있습니다. 유족은 부고를 내고 빈의관의 담당자와 상담하여 조문시간, 장례 형식과 절차 등을 결정합니다.

빈의관에는 고별식장이 마련되어 있는데, 장례는 이곳에서 추도식의 형태로 간소하게 진행되는 경우가 많습니다. 유족은 검은색 옷을 입으며, 상주는 왼쪽 팔에 '효孝'자가 새겨진 검은색 띠를 찹니다.

조문객은 우리나라와 마찬가지로 화려한 옷을 입지 못하며 짙은 화장을 해서도 안 됩니다.

추도식은 개회식 선언으로 시작되며, 전체가 기립한 상태에서 애가 연주가 이어집니다. 상주는 헌화 후에 제문祭文을 읽고 관을 향해서 세 번 절을 하고 내빈에서 한 번 절을 합니다.

조문객은 망자를 한번 둘러보며 망자와 마지막 인사를 하고, 유족에게 위로의 말을 건네는데, 이것으로 장례 절차는 우선 마무리됩니다.

Day 50

중국의 화장 문화

요즘 우리나라도 화장 문화가 예전에 비해 많이 늘어난 것 같은데요. 중국 역시 화장 문화가 널리 퍼져 있습니다.

그러나 전통 중국사회에서는 당연히 시신을 땅에 매장하는 것이 효孝라고 생각했고, 시신을 훼손하는 것은 불효라고 생각했습니다.

그런데 장지를 마련하기 위해 엄청난 돈이 필요하자 10세기 말부터 일반 서민들 사이에서는 화장하는 풍습이 시작되었습니다.

이처럼 화장 풍습이 이미 시작되었음에도 12세기 초 당시의 유생들이 이는 법도에 어긋나는 일이라며 화장 문화를 강력히 비판하였고, 가난한 서민들을 위해서 나라가 나서서 장지를 마련해 주어야 한다고 주장하였습니다. 이에 나라에서는 일부 산들을 장지로 제공하여 주었고 이것이 중국 최초의 공동묘지가 되었습니다.

그러나 신중국 성립 이후, 1956년에 마오쩌둥이 화장 도입을 제창하였고, 저우언라이周恩來 등이 이를 몸소 실천하면서 매장 제도를 규제하는 '장묘문화혁명'이 시작되었습니다. 이는 삼림 자원을 보존하고 경지 면적의 감소를 막기 위함이었습니다.

현재 중국 대도시의 경우, 90% 이상이 화장을 하고 있습니다.

물론 농촌 지역의 경우 화장 시설이 없어서 매장을 하는 곳도 있으며, 소수 민족 중 후이족같은 경우는 종교적인 이유로 매장하고 있습니다.

특이한 장례법으로는 시짱자치구에서 라마승의 경우, 일부에 한하여 천장天葬, 즉 조장鳥葬을 하는데요, 이는 망자의 시신을 산언저리에 놓아두면 굶주린 독수리떼들이 달려들어 망자의 시신을 뜯어먹는 방식입니다. 티베트 사람들은 독수리가 시신을 뜯어먹고 높이 날아올라야 망자의 영혼도 하늘 높이 올라간다고 여기는데요, 이는 아마도 라마승들이 토지를 아끼려는 생각에서 이 같은 장례법을 고안한 것으로 생각됩니다.

▲ 시짱자치구의 천장하는 독수리

요리 문화

Day 51

중국의 팔진 요리

색, 향기, 맛, 모양, 그리고 담아내는 그릇이 함께 어우러져 이뤄내는 중국의 음식 문화는 이미 전 세계적으로 명성을 떨치고 있습니다. 이러한 중국 음식은 각지의 생활 습관과 전통풍습의 차이로 조리법이나 먹는 방식에도 서로 다른 특징을 가지게 되었습니다. 그뿐만 아니라 광활한 영토 위에서 기후와 지리적 자연 환경의 차이 등으로 다양한 식재료를 사용하고 있습니다. 그래서 하늘에서는 비행기, 바다에서는 잠수함, 육지에서는 책상을 제외하고는 모든 것을 이용해서 음식을 만든다는 우스갯소리가 있을 정도로 중국인들이 사용하는 식재료는 상상을 초월합니다.

예를 들어 중국에는 고대 주나라 이래로 궁중에 팔진八珍 요리, 즉 여덟 가지 진귀한 요리가 있었는데, 원숭이 입술, 사슴 목줄, 낙타 발굽, 낙타 혹, 표범 아기보, 잉어 꼬리, 매미 배, 곰 발바닥이 바로 그것입니다.

이처럼 중국 음식은 다양한 종류와 요리법, 풍부한 재료와 향신료 등으로 세계적인 명성을 얻고 있는데, 음식의 종류가 너무 많아 중국인들조차 메뉴판에 적힌 이름만 갖고는 어떤 음식인지 추측하기 어렵다고 합니다. 이런 이유로 중국인들은 음식을 주문하는 일을 '하나의 학문'이라고까지 말하고 있습니다.

실제로 중국에서 사업하는 지인들은 제게 중국에서 제일 어려운 일이 바로 디엔차이点菜, 즉 음식을 주문하는 일이라고 말합니다.

또한, 중국 정사의 하나인 『한서漢書』에는 "백성이 먹는 것을 하늘처럼 여긴다"는 말이 있습니다. 즉 사람이 살아가는 데 있어 가장 중요한 것은 먹는 것이고, 따라서 백성들이 배불리 먹을 수 있도록 하는 것이 통치의 관건이라는 뜻입니다.

최근 중국 지도층이 '소강사회小康社会'를 추구하는 이유 역시 백성을 굶주리지 않도록 하는 데 있다고 해도 과언이 아닐 것입니다.

내일부터 중국의 음식 문화를 산책해 보겠습니다.

▶ 『한서』

Day 52

중국의 음식 문화

요리는 각 나라의 기후, 지리적 특성, 민족성 등 여러 가지 요인에 따라 각양각색의 특징과 형태로 발전합니다. 특히 중국은 넓은 영토로 지역마다 맛의 특징이 뚜렷하게 구분되는데, 그 지역의 자연 조건에 맞게 특색 있는 요리를 발전시켜 왔습니다.

따라서 이 시간 여러분께 소개하는 중국의 음식 문화는 각 지방의 특색이 듬뿍 담겨있는 가장 대중적인 중국 음식이 될 것입니다.

일반적으로 민간에서 중국 음식의 독특한 맛을 지역별로 말할 때, 동랄東辣, 서산西酸, 남첨南甛, 북함北鹹으로 표현합니다. 이 말은 동쪽 음식의 맛은 고추를 많이 써서 맵고, 서쪽은 식초를 많이 써서 시며, 남쪽은 설탕을 많이 넣어 달고, 북쪽은 소금을 많이 넣어 짜다는 말입니다.

물론 이는 각 지역의 상징적인 음식의 맛을 포괄적으로 표현한 것으로, 그 미묘한 맛의 차이를 한 마디로 구분하기는 어렵습니다.

또한, 중국인들은 예로부터 음식을 건강의 기본으로 여겼습니다. 음식을 통해 몸을 보신하고 병을 예방하며 치료하고 건강하게 오래 살 수 있다고 생각한 것입니다. 곰, 자라, 고양이, 들쥐 등을 비롯하여 살아 있는 것은 무엇이든 요리의 재료로 삼고 있는 중국 음식은 불로장생 사상과 밀접한 관계를 가지고 발전해 왔습니다.

그리하여 중국인들은 일상생활에서 '식의동원食醫同源', 즉 약과 먹는 것은 뿌리가 같다, '음화식덕飮和食德', 즉 "마시고 먹는 일은 덕이다"라는 생각을 하며 음식을 먹어왔습니다.

다양한 중국 음식의 세계, 다음 시간부터 중국의 4대 요리를 중심으로 중국의 음식 문화를 보겠습니다.

Day 53

중국의 베이징 요리

오늘은 중국의 4대 요리를 중심으로 중국의 음식 문화를 소개할까 합니다.

중국 요리는 넓은 땅만큼이나 그 요리의 종류도 많습니다. 따라서 분류하는 방법 역시 매우 다양한데요, 가장 일반적으로 사용하는 4대 요리를 중심으로 말씀드리겠습니다.

4대 요리 중 가장 먼저 소개할 음식은 황허 강 유역을 대표하는 징차이京菜, 즉 베이징 요리입니다. 베이징은 중국의 정치, 경제, 문화의 중심지로 음식 역시 전국 각지 맛의 특색들을 모아서 이루어졌습니다. 특히 산둥 음식과 북방 소수 민족의 조리 기법을 받아들여 자신들 만의 품격을 일궈냈습니다.

▲ 솬양러우

베이징 음식의 특징 중 하나는 한랭한 북방 기후에 어울리게 요리가 다양하다는 겁니다. 예를 들어 중국식 신선로 요리로 대표하는 솬양러우涮羊肉가 유명한데요, 주로 입추가 지난 이후에 사람들이 즐겨 찾는데, 이때가 바로 양고기의 맛이 가장 좋을 뿐만 아니라 기온이 내려가서 따뜻한 음식이 제격이기 때문입니다. 얇게 썰어놓은 양고기나 소고기를 채소와 함께 살짝 익혀 장에 찍어 먹는 맛은 가히 일품이라 합니다.

이렇게 고기를 다 먹은 뒤에는 남아있는 진한 육수에 녹말로 만든 당면을 넣어 끓여 먹는 것으로 마무리합니다. 이 밖에도 베이징에는 옛날 황제의 식사를 준비하던 어선방御膳房에 기원을 두고 있는 구운 음식 역시 유명합니다.

그중에서도 구운 오리구이 요리인 베이징 카오야는 우리에게도 이미 널리 알려져 있습니다. 내일 계속해서 베이징 카오야에 대해서 살펴보겠습니다.

Day 54

베이징 카오야

오늘은 우리나라에서도 쉽게 볼 수 있는 베이징식 오리구이, 즉 베이징 카오야北京烤鴨에 대해서 소개할까 합니다.

1368년 명明나라를 세운 주원장朱元璋이 어느 날 우연히 수라상에 올라온 오리구이를 맛본 후 크게 감탄하였는데, 그때까지만 해도 카오야는 베이징 카오야가 아니라 난징 카오야, 즉 난징南京을 대표하는 요리였습니다. 그러나 이후 명나라가 수도를 베이징으로 옮기면서 난징 카오야도 황실과 함께 베이징으로 따라 올라와 황제가 즐겨 먹는 궁중음식이 되었고, 명칭도 베이징 카오야로 바뀌게 된 것입니다.

또한 중국 역사상 가장 이름난 미식가로 알려진 청나라 건륭제乾隆帝가 1761년 3월 5일부터 17일까지 13일 동안 여덟 번이나 오리구이를 먹었다는 기록이 있을 정도로 오리구이는 중국에서 명

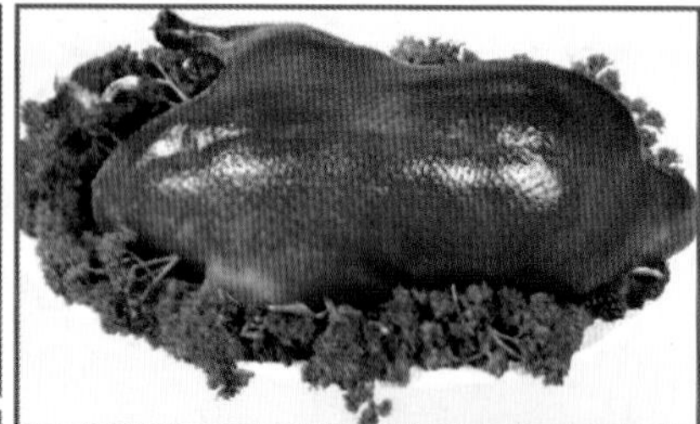

▲ 통째로 굽고 있는 오리.
취안쥐더(全聚德)라고 쓰여진 표지가 보인다.

▲ 베이징 카오야

▲ 취안쥐더에서 발급해준 오리 증명서

성이 높다고 합니다.

베이징 카오야는 통째로 잘 구워져 붉은빛의 광채를 띄는 오리의 껍질과 속살을 얇게 썰어서 티엔장을 발라 파와 함께 얇은 피에 싸서 먹습니다.

현재 중국에서 가장 유명한 카오야 전문식당은 100여 년의 역사를 자랑하는 취안쥐더全聚德 카오야입니다. 중국 전역에 약 100개의 분점이 있으며 외국에도 그 명성이 널리 퍼져 있습니다.

저도 베이징에 가면 가끔 취안쥐더에 가서 베이징 카오야를 먹는데요, 주방장이 직접 구운 오리를 가져와서 손님들 앞에서 얇게 썰어주는 것과 그날 먹는 오리가 취안쥐더가 오픈한 이후 몇 번째 오리인가를 증명해주는 증서를 주는 것이 매우 인상적이었습니다.

여러분께서도 중국에 가시면 꼭 취안쥐더에 가셔서 베이징 카오야를 맛보시기 바랍니다.

Day 55

중국의 상하이 요리

오늘 중국의 4대 요리 중에서 상하이 요리에 대해서 살펴보도록 하겠습니다.

상하이 요리는 중국의 중부 지방인 난징, 상하이, 쑤저우蘇州, 양저우揚州 등지의 음식으로 구성하는데요, 그중에서도 대표격인 상하이 음식은 중국 각지와 서양 음식의 조리법이 가미되어 이루어졌다고 합니다.

즉 지리적으로는 창장 강 삼각주 평원에 있어서 기후가 온난하며, 이로인해 사철 푸른 채소를 접할 수 있으며 또한 바다를 접하고 있어서 해산물이 풍부합니다. 담백한 맛을 위주로 하고 있으나 시고 맵고 달콤한 여러 가지 맛이 배합되어 적절한 조화를 이루고 있습니다.

특히 19세기부터 밀어닥치기 시작한 서유럽의 국가들은 상하이에 조계租界를 다투어 설치하였고 이러한 외세의 입김은 결국 요리에까지 영향을 미쳤습니다. 상하이 요리는 중국 요리 가운데 서방의 영향을 많이 받은 요리로도 유명합니다.

◀ 돼지고기에 진간장을 써서 만드는 홍사오러우

상하이 요리는 간장과 설탕을 사용하여 달콤하게 맛을 내며, 기름기 많고 진한 것이 특징이기도 합니다. 돼지고기에 진간장을 써서 만드는 홍사오러우紅燒肉나 한 마리의 생선을 가지고 머리에서 꼬리까지 조리법과 양념을 달리해서 맛을

▶ 바닷게로 만드는 푸룽칭셰

내는 생선 요리도 일품입니다. 이 밖에도 바닷게로 만드는 푸룽칭셰芙蓉青蟹, 오징어를 볶아서 만든 바오화爆烏花, 찹쌀과 8가지 신선한 말린 과일을 쪄서 만든 바바오판八寶飯, 두부로 만든 시진샤구오도푸什錦砂鍋豆腐와 꽃 모양의 빵인 화취안花券, 해삼을 조리한 샤쯔다우찬蝦子大烏參과 닭고기에 포도주를 넣고 조리한 구이페이지貴妃鷄 등이 유명합니다. 상하이 요리는 호채扈菜라는 별칭으로도 많이 불립니다.

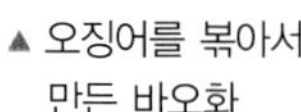

▲ 오징어를 볶아서 만든 바오화

여러분, 상하이에 가시면 방금 소개해 드린 요리들을 한 번씩 맛보시길 바랍니다.

▲ 찹쌀과 8가지 신선한 말린 과일을 쪄서 만든 바바오판

▲ 두부로 만든 시진샤구오도푸

▲ 꽃모양의 빵인 화취안

▲ 해삼을 조리한 샤쯔다우찬

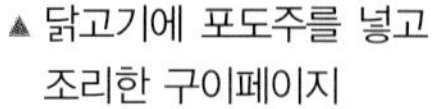

▲ 닭고기에 포도주를 넣고
조리한 구이페이지

Day 56

중국의 쓰촨 요리

오늘 중국 4대 요리 중, 쓰촨 요리에 대해서 소개하겠습니다.

청두, 충칭 등의 도시를 중심으로 발달한 쓰촨 요리는 추안차이川菜라고도 하며, 그 독특한 매운맛으로 우리에게도 잘 알려진 요리입니다.

예로부터 중국의 곡창지대로 알려진 쓰촨 분지는 사계절 다양한 산물을 제공함으로써 많은 종류의 음식을 만들었습니다. 쓰촨 지역은 분지로 티베트와 가까우며 바다에서 멀어 추위와 더위가 심한 지방입니다. 그래서 식욕을 돋우기 위하여 마늘, 파, 붉은 고추 등을 많이 사용하여 매운 요리가 발달하였습니다.

통계에 의하면 한국사람이 가장 좋아하는 요리는 쓰촨 요리이며, 현재 우리나라에 있는 대부분의 중화 요리 식당의 음식 중에서 가장 많은 수를 차지하는 것이 바로 쓰촨 요리입니다.

▼ 다진 고기를 이용한 마포더우푸

더구나 현재 세계적으로도 점점 매운맛을 선호하는 경향이 번지고 있으며 중국사람들도 쓰촨 요리를 즐기는 사람이 점점 늘어나는 추세라고 합니다.

대표적인 쓰촨 요리로는 다진 고기를 이용한 마포더우푸麻婆豆腐; 마파두부, 회교도의 양고기 요리인 양러우궈쯔羊肉鍋子, 새우고추장볶음인 간사오밍샤干燒明蝦, 어린 닭과 은행을 주재료로

◀ 회교도의 양고기 요리 양러우궈쯔

▲ 새우 고추장 볶음인 간사오밍샤

▼ 어린 닭과 은행을 주재료로 삶고 쪄서 양념장을 얹어 먹는 바이구오사오지

삶고 쪄서 양념장을 얹어 먹는 바이구오사오지白果燒鷄, 닭 가슴살과 땅콩, 말린 고추를 주재료로 해서 볶아 만든 꽁바오지띵宮保鷄丁 등이 유명합니다.

저는 개인적으로 쓰촨의 매콤함을 한껏 느낄 수 있는 훠궈火鍋를 좋아합니다. 여러분께서도 매운 요리를 좋아하신다면 쓰촨 요리를 한번 맛보시기 바랍니다.

▶ 닭 가슴살과 땅콩, 말린 고추를 주재료로 해서 볶아 만든 꽁바오지띵

▲ 원앙훠궈. 매운맛과 덜 매운맛을 동시에 맛볼 수 있다.

▲ 중국인들이 즐겨 먹는 일반적인 훠궈

Day
57

중국의 광둥 요리

오늘은 중국 4대 요리 중에서 광둥 요리에 대해서 소개하겠습니다.

중국 남부 지방의 요리를 대표한 광둥 요리는 광저우 요리를 중심으로 푸젠福建 요리, 차오저우潮州 요리, 둥강東港 요리 등의 지방 요리 전체를 일컫는데요, 전 세계의 도시에서 먹을 수 있는 중국 요리 대부분이 광둥 요리이기도 합니다. 즉 미국의 할리우드 영화에서 자주 볼 수 있는 장면, 예를 들어 멜 깁슨 같은 배우가 네모난 종이 상자에 담긴 중국 요리를 맛있게 먹는 장면은 모두 광둥 요리입니다.

광저우는 예로부터 외국과의 교류가 빈번하여 이미 16세기에 스페인, 포르투갈의 선교사나 상인들이 많이 왕래하였기 때문에 중국 특유의 요리에 국제적인 요리관이 접목되었고, 사람들은 이 매력있는 식생활의 고장을 일러 '식재광저우食在廣州' 즉 먹을 것은 모두 광저우에 있다고 극찬하였습니다.

광저우의 요리는 재료가 가지고 있는 자연의 맛을 잘 살려내는 담백한 맛이 특징인데요, 서유럽 국가의 영향을 받아 서양 채소, 토마토케첩, 무스터 소스 등 서양 요리의 재료와 조미료를 받아들인 요리도 많이 있습니다. 이러한 재료는 전통 요리의 맛에 변화를 가져왔고, 서구 요리를 소화하고 중국화하는 데 능숙했던 중국인들은 서유럽풍이 섞인 다채로운 맛의 요리로 발전시켰습니다.

▲ 구운 돼지 고기 차슈

대표적인 요리로는 구운 돼지고기인 차슈叉燒, 광둥식 탕수육인 구라오러우咕咾肉, 돼지 발을 주원료로 해서 부

◀ 광둥식 탕수육인 구라오러우

드럽고 물렁물렁해질 때까지 물에 넣고 끓인 후 꺼내서 시원한 곳에서 말린 후 양념을 넣고 차게 무쳐서 먹는 바이윈주서우白云猪手 등이 있습니다.

광둥 요리는 또한 남채, 즉 난차이南菜라고도 합니다.

오늘은 광둥 요리를 한번 즐겨보시기 바랍니다.

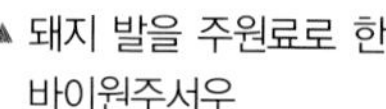

▲ 돼지 발을 주원료로 한 바이윈주서우

Day 58

중국 요리의 특징 (1)

오늘은 중국 요리의 전반적인 특징에 대해서 살펴보겠습니다. 첫번째로, 중국 요리는 재료의 선택이 매우 자유롭고 광범위합니다. 즉 닭을 예로 들면 살코기뿐만 아니라 닭 껍질, 날개 끝, 벼슬, 발까지 요리 재료로 사용합니다. 돼지의 신장, 집오리의 혓바닥도 맛있는 요리 재료의 하나이고, 오리를 재료로 한 요리도 50가지가 넘습니다. 뿐만 아니라 말린 제비집이나 상어 지느러미 같은 재료는 주나라 때부터 요리에 이용되기 시작하였다고 합니다.

두번째로는 맛이 다양하고 풍부하다는 점입니다. 중국인들은 단맛, 짠맛, 신맛, 매운맛, 쓴맛의 다섯 가지 맛 외에 향과 냄새를 복잡 미묘하게 배합한 요리를 만들어 냈는데, 이러한 중국 요리의 다양한 맛은 전 세계의 어떤 요리에서도 맛볼 수 없는 것이 많습니다.

셋째는 기름을 사용하지 않은 것이 거의 없다고 할 정도로 기름에 튀기거나 볶거나 지진 요리가 대부분이라는 점입니다. 또한, 적은 재료를 가지고 독특한 방법으로 재료의 맛을 살리면서 영양분이 파괴되지 않도록 요리하는 것도 특징인데요, 즉 고온에 단시간 가열하고 기름에 파, 마늘, 생강 등의 향신료를 넣어 독특한 향을 냅니다.

넷째는 중국 요리에 사용하는 조미료와 향신료 종류가 다양하며 많은 요리에 사용하여 냄새도 제거하고 맛을 더욱 풍부하게 한다는 점입니다. 일반 식당에서 사용하는 양념의 종류만 해도 50여 가지가 되고, 조미료의 종류도 500여 종에 이른다고 합니다.

중국 요리의 맛이 독특하고 풍부한 것도 이처럼 많은 종류의 조미료와 산초, 계피, 파, 마늘 등의 향신료를 적절히 사용하기 때문인 것 같습니다.

Day
59

중국 요리의 특징 (2)

오늘도 중국 요리의 전반적인 특징에 대해서 살펴보겠습니다.

중국 요리의 특징 중 다섯 번째는 조리법이 다양하여 용어만 해도 100여 개가 넘는다는 점입니다. 일반적으로 많이 사용하는 조리법으로는 국 요리인 탕湯, 기름에 볶는 차오炒, 기름에 튀기는 짜炸, 팬에 약간의 기름을 넣고 지지는 쩬煎, 직접 불에 굽는 카오烤, 주재료에 액체를 부어 쪄내는 뚠燉, 튀긴 다음 달콤한 녹말 소스를 얹어 만드는 리우溜, 훈제하는 쉰燻, 찌는 쩡蒸 등이 있는데, 이 중에서도 특히 볶는 방법인 차오를 가장 많이 사용한다고 합니다.

여섯 번째는 불의 세기가 매우 중요하다는 점입니다. 즉 중국 요리는 불의 세기와 볶는 시간에 따라 요리의 성패가 달려 있다고 하는데요, 불의 세기나 성질에 따라 중화中火, 소화小火, 미화微火, 비화飛火, 왕화旺火, 맹화猛火 등으로 나눕니다.

일곱 번째는 조리 기구가 간단하고 사용이 용이하다는 점입니다. 즉 중국의 조리 기구는 요리의 종류에 비하여 놀라울 정도로 종류가 적다고 합니다. 예를 들면 신선로인 훠궈火鍋, 볶음이나 튀김 냄비인 샤오궈小鍋, 그물형 조리기구인 러우사오漏勺, 찜통인 쩡룽蒸籠 외에 식칼, 뒤집개, 국자 등이 조리기구의 전부라고 해도 과언이 아닙니다.

마지막으로는 외양이 풍요롭고 화려하다는 점입니다.

즉 중국 요리에는 몇 인분이라는 개념이 별로 없어서 한 사람 앞에 적당한 분량을 담아내는 것이 아니라 한 그릇에 전부 담아 냅니다. 먹을 사람이 많아지면 요리의 양을 늘리는 것이 아니라 가짓수를 늘리는 것이 보통입니다. 그만큼 한 그릇에 담긴 하나 하나의 요리가 풍요롭게 보이며 화려한 장식이 곁들어져 예술품이라는 느낌까지 줍니다.

Day 60

중국인들의 식탁 예절

중국인들의 식탁에서의 기본 관습은 우리와 크게 다르지 않지만, 몇 가지 우리와 다른 점은 알아둘 필요가 있습니다.

우선 요리와 밥은 같이 먹는 경우가 많지만, 탕은 일반적으로 가장 마지막에 먹는 것이 보통입니다. 숟가락은 탕을 먹을 때만 사용하고 요리나 밥, 면류를 먹을 때는 젓가락을 사용합니다. 특히 밥이나 탕류를 젓가락으로 먹을 때는 밥그릇이나 탕 그릇을 손으로 들어 입에 대고 먹는 모습을 자주 볼 수 있습니다.

또한, 중국은 넓은 영토만큼 지역에 따라 재배되는 곡식의 종류가 달라서 사람들의 식생활도 다양합니다.

우선 창장 강 남쪽은 따뜻한 기온으로 인해 벼농사가 잘 되었기 때문에 쌀이 주식인데요, 고대에는 쌀의 조리법이 지금과는 달랐다고 합니다. 즉 먼저 쌀을 볶은 후 절구에 넣어 가루를 만들었는데, 이를 구口, 량糧, 또는 구량口糧이라고 부릅니다. 구량은 익힌 곡식으로 대나무 통에 넣어 간단히 휴대할 수 있었고, 불을 지필 필요가 없었습니다. 장자莊子의 『소요유逍遙遊』에는 "천리 길을 가려는 자는 삼 개월 전에 구량을 준비해야 한다"라는 구절이 있는데요, 이로써 구량 준비에 많은 시간이 필요했음을 알 수 있습니다.

창장 강 이북에서는 기후 요인으로 벼농사가 어려웠고 대신 밀이 많이 생산되었기 때문에 주식을 밀로 하였으며, 이에 따라 밀가루 음식이 발달하였습니다.

밀가루 음식은 고대에는 가공이 불편하여 많이 보급되지 않았으나 춘추전국 시대에 맷돌이 발명되고 위진남북조시대 이후 서역에서 발효 기술이 전래된 이후로 밀가루 음식이 급속하게 보급되었다고 합니다. 대표적인 밀가루 음식으로는 병, 국수, 만두, 포자, 교자 등이 있는데요, 여기에 대해서는 내일 자세히 소개할까 합니다.

Day 61

중국의 대표적 밀가루 음식

오늘은 대표적인 밀가루 음식을 소개할까 합니다.

우선, 중국 북방 지역에서 즐겨 먹던 병이 있습니다.

병은 중국어로는 '삥餠'이라 부르며, 밀가루를 얇게 부쳐 그 속에 갖가지 소를 넣어 싸먹는 음식인데요, 요즘도 대도시 사람들은 아침 식사로 선호하고 있습니다.

다음은 국수인데요, 국수의 등장은 밀가루 음식의 새로운 전환을 의미합니다. 국수는 대략 한나라 이후에 발달한 것으로 보이는데요, 한나라 때는 국수를 탕병이라고 불렀는데, 당시의 탕병은 지금의 국수와는 달라서 손으로 떼어낸 일종의 수제비와 같은 것이었습니다. 떼어낸 밀가루 조각의 얇은 모양이 마치 나비

▲ 병. 중국 발음으로는 삥이라고 한다.

▲ 국수

와 같다고 해서 호접탕蝴蝶湯이라고도 불렀습니다. 오늘날과 같은 국수가 나오기 시작한 것은 송나라 이후로 원나라 때는 국수를 선물로 주고받을 정도로 유행했다고 합니다.

국수와 함께 밀가루 음식의 대표로 꼽히는 것은 바로 만두, 교자, 포자입니다.

만토우饅頭, 즉 만두의 원래 명칭은 증병蒸餠으로, 당시 만두는 호화로운 음식의 하나로써 부들부들한 맛 때문에 음식 중에 으뜸으로 쳤습니다. 그러나 만두는 우리나라에 있는 만두와는 다른 것으로, 속에 아무런 내용물이 들어있지 않은 발효시킨 밀가루 빵이라고 생각하면 됩니다.

포자包子는 만두의 한 종류인데요, 속을 넣지 않은 것이 만두라면, 포자는 고깃속을 넣은 것입니다. 우리가 즐겨먹는 반달모양의 만두는 중국에서는 지아오즈jiǎozi, 즉 교자餃子라고 부르는데요, 만두와 포자가 증기에 찌는 방식인 데 비해 교자는 물에 넣어 끓이는 음식입니다. 여러분, 오늘은 만두를 한번 드셔 보는 건 어떨까요?

▲ 만두

◀ 포자

◀ 교자

Day 62

음식과 관련된 생활 풍속 (1)

오늘은 음식과 관련된 중국의 몇 가지 생활 풍속을 소개할까 합니다.

우선 북방 사람들은 음력 4월에 명나라 때의 유명한 의사인 손사막孫思邈을 기념하기 위하여 밀공蜜孔을 즐겨 먹는데요, 밀공이란, 밀가루를 반죽하여 가늘고 길게 만들어서 기름에 튀긴 후 꿀을 바른 것으로 기름이 반드르르하고 맛이 달콤합니다. 투명한 꿀을 바른 과자는 마치 화려한 수정 옷을 한 겹 입힌 것과 같은데, 자세히 살펴보면 이 수정 속의 연한 황색 과자에 붉은 선이 있음을 알 수 있습니다. 이 붉은 선은 대중을 위하여 애쓴 손사막의 심혈을 상징한다고 합니다.

또한, 지역에 따라서는 동짓날 개고기를 먹는 풍습이 있는데요, 여기에는 유래가 있습니다. 진나라 말기의 번쾌樊噲라는 인물은 어려서부터 개를 잡아 생계를 유지하다가 후에 유방劉邦을 따라 한나라 건국을 도왔는데요, 어느 해 동짓날 한고조 유방이 지쳐 쓰러졌는데 번쾌가 끓인 개고기를 먹고는 기력을 금세 회복했다고 합니다. 그때부터 민간에서도 동짓날 개고기를 먹는 풍습이 생겼다고 합니다.

또한, 흐차喝茶;hēchá, 즉 '차를 마신다'라는 중국어에는 두 가지 의미가 있는데요, 일반적으로 그냥 차를 마시다라는 뜻 외에 혼인 교섭 중에 신부 측이 신랑 측의 혼담을 받아들인다는 의미로도 해석합니다. 이는 당송 시기 이후 신랑 측에서는 혼담을 꺼내면서 차를 예물로 보냈는데, 신부 측이 이 차를 받으면 혼담은 거의 성사된 것으로 여겼다는 것에서 비롯되었다고 합니다. 이는 옛사람들이 차는 옮겨 심지 못하고 씨를 심어 새끼를 쳐서 번식한다고 믿는 데서 비롯된 것으로, 오늘날에는 여성이 남성의 프러포즈를 받아들이면, "내 여자친구가 내가 준 차를 마셨다"고 표현하기도 합니다.

여러분 중 만약 미혼이 계시다면 올해에는 꼭 차를 마시길 바랍니다.

Day 63

음식과 관련된 생활 풍속 (2)

중국에는 여성이 식초를 많이 먹으면 질투심이 강하다는 속설이 있는데요, 여기에는 재미있는 고사가 있습니다. 당나라 태종 때 임환任環이라는 대신이 있었는데, 공이 많아 태종이 궁녀 두 명을 하사했다고 합니다. 그러나 임환은 아내의 질투가 두려워 궁녀들을 집으로 데려가지 못하였습니다. 이에 태종은 임환의 아내를 궁으로 불러 질투를 하지 말라고 훈계를 하고, 만약 궁녀를 받아들이지 못하겠으면 이 사약을 마시라고 하였답니다. 이에 임환의 아내는 조금의 망설임도 없이 사약을 마셨는데, 사실 이 약은 사약이 아니라 식초였다고 합니다. 이후로 '여성이 질투한다'는 것을 '식초를 먹는다'고 표현합니다.

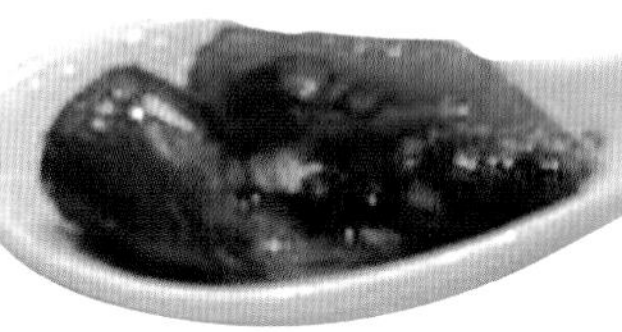

▲ 쓰촨 요리를 맵게 만드는 쓰촨 고추

또 중국의 우한武漢 지역 사람들은 콩깍지를 무척 좋아한다고 하는데요, 마오쩌둥 주석도 우한 시의 '노통성'이라는 식당에서 '삼선 콩깍지'라는 요리를 즐겨 먹었을 정도로 유명하다고 합니다. 콩깍지는 원래 후베이 성의 전통음식으로 동지에 즐겨 먹었는데, 이것이 우한 지역으로 흘러들어오면서 서민 음식으로 사랑받고 있습니다.

중국 쓰촨 지역 사람들은 매운맛을 무척 좋아하는데요, 이는 지형과 밀접한 관계가 있다고 합니다. 즉 쓰촨은 분지로써 여름엔 날씨가 매우 무덥고 습합니다. 제가 예전에 쓰촨에 가보니, 쓰촨 사람들은 한여름에도 전기담요를 켜더군요. 침대에 전기담요를 한 시간 정도 켜놓은 뒤 끄고 에어컨을 트는데요, 이는 이불의 습함을 덜어내기 위한 방책이라고 합니다.

아무튼 쓰촨의 이러한 기후 조건 때문에 풍토병에 걸리기 쉬운데, 이러한 질병을 예방해 주는 것이 바로 쓰촨 고추입니다.

고추 같은 매운 음식은 그 매운맛이 냉기를 제거하여 열을 보충해 주는 역할을 해 준다고 합니다. 하여 쓰촨 사람들이 매운 음식을 좋아한다고 합니다.

Day 64

만두와 제갈량

오늘은 북방의 대표적 밀가루 음식인 중국식 만두와 관련된 전설을 하나 소개할까 합니다. 제갈량諸葛亮이 남쪽 지방을 정벌하러 나섰을 때 남만 오랑캐의 우두머리인 맹획孟獲을 일곱 번 잡았으나 모두 풀어주었다고 합니다. 이후 군사들이 노수擄水를 건너려 하는데 물살이 거칠어서 도저히 건널 수가 없었다 합니다. 그때 그곳 사람들이 말하길 오랑캐의 머리 49개를 수신水神에게 제물로 바쳐야 무사히 강을 건널 수 있다고 하였습니다. 차마 무고한 사람을 죽일 수 없어 고심하던 제갈량은 요리사를 불러 밀가루를 반죽하여 사람의 머리 모양을 만들어 강에 던져 제사를 지냈고, 그러자 물살이 가라앉았다고 합니다. 결국 맹획은 제갈량의 덕망에 감복하여 촉한蜀漢에 투항하였고, 이후 이 음식이 민간에 널리 퍼지게 되었는데, '오랑캐의 머리'라는 뜻으로 오랑캐 만

蠻에 머리 두頭라고 부르다가 한자가 바뀌어 오늘날의 만두 만饅 자가 되었다고 합니다.

또한, 중국 음식과 관련된 전설을 하나 더 소개해 드리자면, 1874년 어느 날, 중국의 쓰촨 성 청두의 북문 근처에서 유채 기름 장수가 작은 쇠고기 덩어리를 들고 평소 안면이 있던 진춘복陳春福이란 사람의 식당을 찾아갑니다. 유채기름 장수는 진춘복의 부인 진유에게 "돈이 없어 요리를 시킬 수 없으니 이 쇠고기와 유채 기름으로 두부를 좀 지져주시지 않겠습니까?"하고 말을 걸었습니다. 마음씨 좋기로 소문난 진 씨 부인은 즉석에서 혀가 얼얼할 정도로 맵고 부드러운 맛을 내는 두부 요리를 만들어 왔는데요, 그 후 이 두부 요리가 사람들 사이에 널리 퍼져 나갔고, 사람들은 진 씨 부인의 얼굴에 곰보 자국이 있는 것을 빗대어서 이 요리를 곰보부인두부, 즉 마포더우푸마파두부라고 부르기 시작했다고 합니다.

여러분께서도 오늘은 만두와 마포더우푸를 한번 맛보시기 바랍니다.

▶ 제갈량

Day 65

자장면과 짜장면

일반적으로 중국 요리하면 가장 먼저 떠오르는 것이 짜장면인데요, 많은 사람이 중국에도 짜장면이 있는가를 궁금해합니다. 결론부터 얘기하자면 중국에도 짜장면이 있습니다만, 우리나라에서 먹는 짜장면의 맛과는 상당한 차이가 있습니다.

한국식 짜장면은 검은 빛깔의 달콤한 장을 면 위에 얹는 요리인 반면, 중국식 짜장면은 된장 빛깔의 짠맛이 나는 장을 얹어 먹는 요리입니다.

우리나라에 짜장면이 들어온 것은 대략 임오군란 전후로 추정되는데요, 대원군이 혼탁한 정세를 해결하기 위해 청나라에 군대를 요청하였고, 당시 조선과 가장 가까웠던 산둥 지역의 군인들이 인천항에 들어오게 됩니다. 이때 군인의 가족, 장사꾼 등 많은 청나라의 산둥 출신 중국인들이 인천에 모여들었는데, 임오군란이 잠잠해진 후 정식 군인들은 청나라로 돌아갔으나, 많은 산둥인들이 인천에 남습니다.

이렇게 정착한 중국인들이 산둥식 짜장면을 퍼트리기 시작하였습니다. 이후 우리 입맛에 맞게 지금과 같이 개량하여 1905년 인천 차이나타운의 화교가 운영하던 중국 음식점인 공화춘에서 처음 선보였는데, 인천항 부두 노동자들 사이에서 큰 인기를 끌게 되었습니다. 이처럼 중국의 짜장면은 우리나라로 들어와서 한국인의 입맛에 맞게 정착하여 지금은 남녀노소 누구나 즐기는 가장 대중적인 음식으로 자리 잡게 된 것입니다. 통계에 의하면 짜장면은 전국의 중국집 2만 5천여 곳에서 하루 평균 720만 그릇씩 팔린다고 합니다.

▶ 중국식 짜장면

짜장면의 중국식 표기는 작장면炸醬面으로 그 뜻은 장을 볶아서 얹은 국수라는 뜻인데요, 중국어로는 짜지앙미엔zhájiàngmiàn인데, 산둥식 발음이 전화되어 짜장면이 되있습니다.

한동안 짜장면을 자장면으로 표기하는 방식이 사용되었으나 저는 개인적으로 자장면보다는 짜장면이 보다 먹음직스럽게 느껴집니다. 여러분께서도 오늘 짜장면을 한번 드셔 보시기 바랍니다.

▲ 베이징 요리를 하는 전국망 체인점, 짜장면이 일품요리로 유행이다.

Day
66

만한전석과 불도장

오늘은 중국 음식의 몇 가지 재미있는 사실을 소개할까 합니다.

우선 진수성찬의 의미로 많이 사용하는 '만한취엔시滿漢全席' 즉, 만한적석은 청대의 황제들이 귀족과 대신들에게 국가의 경사가 있을 때 태화전에서 베푸는 연회를 말합니다. 만한전석은 만주족의 요리인 만석과 한족의 요리인 한석으로 나뉘는데, 만석의 특징은 대부분이 떡이나 과자와 같은 간식과 과일 위주라는 점이며, 한석에서 비로소

▲ 만한전석

육류의 요리가 차려집니다. 이처럼 만주풍과 한족풍의 요리들이 합쳐진 각양각색의 궁중 호화연회석을 만한전석이라고 하며, 모두 은으로 만든 식기를 사용하고 196가지의 진귀한 요리로만 이루어졌다고 합니다.

황실과 관련된 재미있는 고사로, '불도장佛跳牆'이 있습니다. 이는 산해진미에 싫증을 느낀 황제가 궁중 요리사에게 더 이상 새로운 요리를 만들어내지 못하면 쫓아내겠다고 엄명을 내렸다고 합니다. 그러자 요리사는 고심 끝에 각종 신선한 재료를 단지에 모아 넣고 조리하였는데, 그 향기가 어찌나 좋던지 궁궐 옆에서 오랜 세월 수행하던 늙은 승려마저 담에 올라가 쳐다보았다고 합니다. 그래서 이를 본 요리사가 이 요리의 이름을 '승려가 담장을 뛰어오른다'는 의미로 '불도장'이라고 지었다고 합니다.

또한, 중국 요리 중에서 한국사람들에게 익숙하지 않은 향신료가 있는데요, 바로 샹차이香菜, 즉 향채입니다. 우리나라의 고수와 비슷한 식물로 중국에서는 오래전부터 요리나 국 위에 뿌려 먹습니다. 그 향이 매우 특이해서 대부분 한국사람은 잘 먹지 못합니다. 그래서 "샹차이를 먹을 줄 알아야 진정한 중국통이다."라는 말이 있을 정도입니다.

여러분께서도 중국에 가시면 샹차이에 한번 도전해 보시기 바랍니다.

▶ 불도장

차와 음주 문화

Day 67

중국인들의 음차 문화

중국에 가보면 중국인들이 차를 즐겨 마시는 것을 쉽게 볼 수 있는데요, 학교에서는 학생들이나 선생님들도 모두 차 병을 가지고 다니고, 중국의 거리나 공원에서도 차 병을 가지고 다니는 사람들을 흔히 만날 수 있습니다. 이렇듯 중국인들에게 차는 마치 생활의 일부인 듯합니다.

그렇다면 왜 중국인들은 이렇게 차를 즐겨 마실까요?

제가 어렸을 때는 중국의 물이 더러워서 그냥 마실 수 없기 때문에 차를 많이 마신다고 들었습니다. 그런데 이 말은 100% 진실은 아니고요, 중국인들이 차를 즐겨 마시는 것은 그들이 먹는 음식과 밀접한 관련이 있습니다.

▲ 일상 생활의 일부인 중국인의 차

즉 중국 음식에는 기름을 많이 사용하기 때문에 소화가 잘되지 않습니다. 따라서 중국인들은 늘 차를 마심으로써 몸속의 산성과 알칼리성의 균형을 꾀합니다.

저도 중국에 가면 중국 차를 많이 마십니다. 그런데 중국 차를 한가득 사가지고 한국에 오면 결국 한두 달 후에 휴지통에 들어갑니다. 아무래도 중국 차와 담백한 한국 음식은 궁합이 맞지 않은 듯합니다.

차의 유래에 대해서는 차의 성인, 즉 다성茶聖이라 불리는 당나라 육우陸羽의 『다경茶經』에 보면 B.C. 2700년경 신농神農 시대부터 차를 마셨다는 기록이 있습니다.

즉 신농은 산천을 돌아다니며 온갖 풀을 맛보아 각각 풀의 약용과 식용 여부를 실험하여 의약의 신으로 숭상받는데요, 어느 날 신농은 하루에 100가지의 풀을 먹고 72가지 독초에 중독되어 나무 아래에 쓰러졌다고 합니다. 그때 어떤 나뭇잎이 보여 그것을 입에 넣고 씹었는데, 그 독이 해독되어 살아났다고 합니다.

이 전설의 사실 여부는 알 수 없지만, 실제로 찻잎에 있는 폴리페놀과 독초의 독성분이 결합되어 해독 작용을 하고 카페인 성분이 강심제로 작용하여 살아난 것으로 보입니다.

신농 ▶

◀ 육우

Day 68

홍차의 유래

중국은 차의 고향답게 차를 재배하고 만들고 마시는 것 모두 전 세계적으로 손에 꼽히고 있습니다. 중국 서남부의 아열대 지구는 야생 차 나무의 원산지입니다. 처음에 중국인들은 단순히 차를 제사 용품이나 식용 가능한 식물 정도로만 여겼다고 합니다. 이후 당나라 때에 이르러 중국에 불교가 성행하면서 차를 마시는 것이 정신을 맑게 하고 소화에도 효과적이라는 것을 깨달았고 차를 마시는 습관이 정착되어 사찰에서 없어서는 안 되는 필수품이 되었습니다.

또한 이때부터 중국의 차는 중국의 국내와 세계 각국으로도 전파되었는데, 즉 승려들이 불교를 전파하면서 함께 전해지거나 통상 무역의 발전에 따라 세계 각국으로 전해지게 되었습니다. 특히 당나라의 문성공주文成公主가 티베트 왕에게 시집을 가면서

차를 가지고 가서 티베트에 차를 마시는 풍습을 전한 것이 계기가 되어 차가 외국으로 널리 전해지기 시작했다고 합니다.

유럽에서 가장 먼저 차를 마시기 시작한 나라는 영국인데요, 17세기 초 중국에서 들어온 차가 영국인들에게 각광 받게 된 이후 그 수요가 급증하자 영국 정부는 동인도 회사에 명령을 내려 일정한 양의 찻잎을 비축하도록 하였습니다. 그러나 이후로도 유럽 각국의 차에 대한 수요는 더욱 증가하여 19세기 초 영국으로 수출된 중국 차는 무려 4,000여 만 톤에 이르게 되었고 이처럼 자신들에게 불리한 무역 상황이 벌어지자 영국 상인들은 급기야 인도와 뱅골일대에서 아편을 구입하여 은 대신 중국산 찻잎과 교환하였고, 급기야 아편 전쟁이 발발하는 도화선이 되었습니다.

당시 유럽사람들이 좋아했던 차는 홍차였습니다. 즉 실크로드의 주요 교역품 중 하나가 차였는데, 차를 가지고 오랜 시간 이동하면서 우연히 녹차가 발효되어 홍차가 되었고 유럽사람이 그 맛에 반해 홍차를 즐겼다고 합니다.

Day 69

중국 차의 종류

중국 차는 그 제조 방법에 따라서 녹차, 홍차, 우룽차, 백차, 황차, 흑차 등으로 나뉘는데요, 이를 구분 짓는 가장 중요한 기준은 바로 발효의 정도입니다.

우선 불발효차, 즉 발효를 시키지 않은 차는 녹차라고 부르는데요, 찻잎 속의 타닌 성분이 효소에 의해 발효되지 않도록 차의 새싹을 따서 솥에서 볶거나 증기를 쏘여서 살청殺靑을 합니다. 이

후 잘 비벼 말아서 모양을 만들고 말리면 완성되는데요, 이렇게 만들어진 녹차는 벽록碧綠이나 황록黃綠의 빛을 띠며 신선한 향기와 약간 떫은맛이 나는 것이 특징입니다. 녹차는 가장 오랜 역사를 가지고 있으며 많은 생산량과 넓은 생산지를 자랑하는데요, 특히 저장 성浙江省, 안후이 성安徽省, 장시 성江西省의 녹차가 생산량과 품질면에서 널리 알려져 있으며, 서호 용정차와 동정 벽라춘 등이 유명합니다.

반발효차는 찻잎을 10%에서 65% 정도만 발효시켜서 만든 차로, 발효 과정에서 특유의 맛과 향이 생겨납니다. 우룽차烏龍茶는 가장 중국적인 특색이 있는 반발효차로 대표적인 생산지는 푸젠 성과 광둥 성, 타이완臺灣입니다. 우룽차는 다시 그 발효 정도에 따

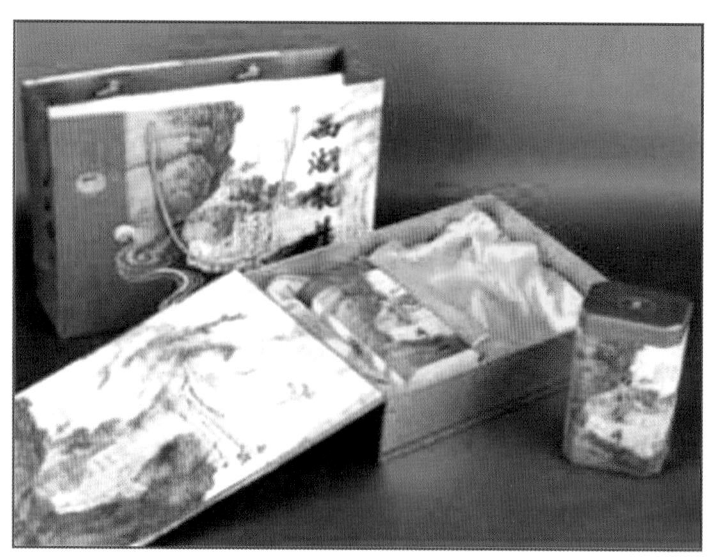

◀ 서호 용정차

라서 몇 가지 특징으로 구분되는데요, 우선 청차라고도 불리는 포종차는 청아한 맛과 황금빛 색깔이 특징이고 그다음 철관음과 동정 등은 깊은 맛과 갈색의 빛깔이 특징이며 백호 오룡은 무거울 중重을 쓰는 중발효차로서 달콤한 과일 향과 주황색의 빛깔이 특징입니다. 이 밖에 백호 은침 같은 백차, 재스민차와 같은 화차도 반발효차에 속합니다.

아마 우리나라 사람들에게 널리 알려진 차는 용정차와 우롱차, 그리고 재스민차일 것 같은데요, 우리는 별 구분 없이 이들 차를 동일한 방법으로 우려내어 마시지만, 사실 발효 정도에 따라 우려내는 시간이나 물의 온도가 달라야 합니다.

Day 70

우룽차의 유래

우리에게도 친숙한 우룽차烏龍茶; 오룡차의 유래와 관련해서는 두 가지 재미있는 이야기가 전해져 옵니다.

옛날에 차나무 아래에 커다란 뱀이 살고 있었는데요, 그 뱀의 색깔은 검은색이며 온순하여 절대로 사람을 해치는 경우가 없었다고 합니다. 그러던 어느 날 일을 하던 농부가 더위에 지쳐 일사병으로 혼절하자 그 검은 뱀이 차나무 위로 올라가 찻잎을 따서 쓰러진 농부의 입에 넣어 주었습니다. 그 후 농부가 정신을 차리고 깨어나자 사람들은 '검은 뱀이 사는 차나무'라는 의미로

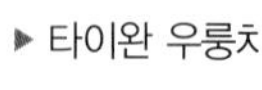
▶ 타이완 우룽차

까마귀 오烏자에 용용龍자를 써서 그 차나무의 잎을 '오룡'이라고 부르기 시작했다고 합니다.

또 다른 전설로는 옛날 민난閩南 지방 안계현의 산에서 차를 따고 사냥을 하며 지내던 오량이라는 사람이 있었는데, 어느 날 차를 담는 광주리를 메고 산에 올라 녹차를 따고 있을 때 노루가 나타나 사냥을 했다고 합니다. 저녁에 집으로 돌아온 오량은 잡아온 노루를 손질하느라 미처 녹차를 볶을 겨를이 없었습니다. 다음 날 광주리를 보니 전 날에 따놓은 녹찻잎이 사냥을 하면서 굴러 마찰이 된 데다 하룻밤을 묵혀서 이미 반쯤 발효가 되어있었습니다. 이 찻잎을 다시 볶아내자 그 맛이 더욱 향기롭다는 것을 알게 되었습니다. 이에 오량은 이 새로운 제조법을 주변에 알려주었고, 사람들은 이를 처음에는 오량이 발명한 차라고 하여 오량차라고 불렀습니다. 그런데 민난 방언으로 '량'의 발음이 '용lóng'과 같은 발음이었기 때문에 후에는 오량차를 우룽차로 부르게 되었다고 합니다.

오늘은 식사 후에 우룽차를 한번 드셔 보시기 바랍니다.

Day 71

보이차와 다이어트

찻잎은 발효를 하면 원래의 녹색에서 점차 붉은빛으로 변하는데, 발효 정도에 따라서 더욱더 붉어집니다. 완전히 발효된 홍차는 바로 찻물의 빛깔에서 이름이 붙여진 것입니다. 유럽사람들이 즐겨 마신다는 유명한 홍차로는 기문 홍차祁門紅茶 와 영홍 공부차英紅工夫茶 등이 있습니다.

녹차의 제조법처럼 효소를 파괴한 뒤 찻잎을 퇴적시켜 미생물의 번식을 유도해 다시 발효가 일어나게 만든 차가 있는데요, 찻잎이 완전히 건조되기 전에 곰팡이의 번식을 통하여 다시 발효시키기 때문에 후발효차라고 부릅니다. 발효 기간이 길수록 맛이 부드러워져 가격도 상대적으로 올라가는데요, 대체로 20년 이

▲ 군산 은침차. 뜨거운 물을 부으면 차잎이 세로로 서서 올라간다.

상 숙성한 것을 좋은 것으로 치며 황차인 군산은침과 흑차인 보이차 등이 유명합니다.

군산은침은 찻잎 모양이 특이해서 더욱 유명한데요, 후난 성湖南省과 후베이 성의 경계를 이루는 동정호 안에 위치한 군산에서 재배되는 군산은침은 찻잎을 넣고 뜨거운 물을 부으면 가라앉아 있던 찻잎이 마치 바늘 모양처럼 세로로 서서히 떠오릅니다. 그 모양이 마치 은색의 바늘과 같다 하여 이름을 은침으로 지었다고 합니다.

또한, 1990년대 말부터 우리나라 사람들이 즐겨 마시는 보이차는 다이어트에 효능이 있다고 하여 처음에는 많은 여성이 마셨다 합니다.

보이차의 '보이'는 중국 윈난 성에 있는 한 마을 이름인데, 그 마을 이름을 따서 보이차라고 합니다. 보이차는 만드는 모양에 따라 몇 종류로 나뉘는데요, 주로 벽돌 모양이나 원형 같은 압축형으로 만들어진 것이 많습니다. 그러나 최근 보이차의 인기가 올라가자 고가의 가짜 보이차들이 현지에서도 많이 팔리고 있으므로, 보이차를 사실 때는 꼭 주의하길 바랍니다.

▲ 보이차

Day 72

중국차를 맛있게 마시는 방법

오늘은 중국 차를 맛있게 마시는 방법을 소개할까 합니다. 맛있는 차를 우려내기 위해서는 고려해야 할 몇 가지 사항이 있는데요, 우선, 찻잎의 종류를 보아야 합니다. 즉 발효 정도가 높을수록 물의 온도가 높아져야 하며 우려내는 시간도 길어야 합니다. 다음은 찻잎 상태를 보아야 합니다. 찻잎이 많이 부서져 있거나 가루가 많으면 물의 온도를 낮추거나 시간을 줄여서 찻잎의 양을 조금 적게 넣어야 합니다. 또한, 찻잎의 양도 차의 맛을 내는 데 중요한데요, 마시는 사람 수에 따라 물을 끓일 주전자, 즉 다관의 크기를 정하고, 대략 1인당 2~3g를 기준으로 하되 잎이 어릴수록 찻잎의 양을 적게 해야 합니다.

끓여내는 물의 온도도 중요한데요, 온도가 너무 높으면 쓴맛이 나고 너무 낮으면 싱거워집니다. 추출 시간, 즉 우려내는 시간도 중요합니다. 차의 추출 시간에 따라 차의 빛깔, 맛의 농도, 쓴맛, 떫은맛 등이 달라집니다. 일반적으로는 2~4분 정도 우려내지만, 잎이 많거나 가루가 많을 때는 조금 시간을 줄이는 것이 좋습니다.

중국인들은 차를 오감五感으로 마신다는 말을 자주 하는데요, 귀로는 찻물 끓이는 소리를 감상하고, 코로는 찻잎의 향을 맡으며, 입으로는 차의 맛을 보고, 눈으로는 다구와 찻잔을 감상하고 손으로는 찻잔의 감촉을 느낀다고 합니다.

하지만 일상생활에서는 매우 간편하게 차를 마시며, 버스 대합실, 기차역 등 사람이 많이 모이는 곳에는 뜨거운 물을 무상으로 얻을 수 있는 곳이 항상 있습니다. 우리 학생들이 중국에 가니 곳곳에 뜨거운 물이 있어서 사발면 먹기가 참 편하다고 하더군요. 여러분께서도 오늘 소개한 방법에 따라 차를 한번 잘 우려내 드셔 보시기 바랍니다.

Day 73

중국인의 음주 문화

중국인들은 무주불성석無酒不成席, 즉 술이 없으면 모임이 이루어지지 않는다고 말할 만큼 술을 즐겨 마신다고 합니다.

중국 술이 언제부터 생겼는지는 의견이 분분하지만, 일반적으로는 두강杜康을 가장 먼저 술을 빚은 사람으로 여깁니다. 두강이 술을 처음으로 빚었다면 중국 술의 역사는 대략 4,200년 정도 됩니다. 그런데 최근 중국 산시 성陕西省 미현 양가촌에서 술의 용기로 추정되는 붉은 진흙으로 만든 오지그릇이 출토되었는데요, 이는 대략 6,000년 전 신석기 시대 양사오 문화仰韶文化의 유물인 것으로 확인되었습니다. 이것은 중국 술의 역사가 서양 맥주 9,000년, 포도주 7,000년의 역사를 가진 것과 거의 비슷하다는 것을 보여줍니다.

중국인들은 전통적으로 좋은 술을 구분하는 잣대로 향기가

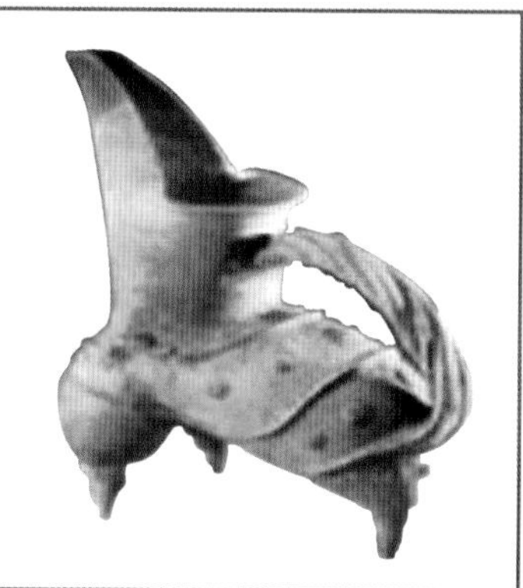

▲ 양사오 문화 유적지에서 발견된 술 주전자들

짙고 부드러우며 달콤한 맛과 뒷맛이 오래가는 점을 들고 있는데, 이는 또한 중국인들이 사람의 인격을 평하는 기준으로 사용하기도 합니다.

이백李白의 「장진주將進酒」에는 "예로부터 성현들은 죽고 나면 모두 잊혀지고 오직 술을 잘 마시는 사람만 이름을 남겼다古來聖賢皆寂寞, 惟有飮者留其名"는 시구가 있는데요, 요즘도 이 시구는 애주가들의 입에 자주 오르내린다고 합니다.

그러나 현재 중국은 과거와는 달리 음식을 맛있게 먹기 위해 술을 곁들이는 것이 보통이며, 생맥주 전문점을 제외하면 술과 안주만 파는 술집도 거의 없습니다. 또한, 밤늦게까지 밖에서 술을 마시고 술에 취해 거리를 돌아다니는 사람도 드물고, 술집을 몇 차례 순례하는 습관도 없다고 합니다.

Day 74

중국 술의 기원

중국 술을 처음으로 빚은 사람으로 알려져있는 두강은 소강少康으로도 불리며 하나라 때의 인물로 전해집니다. 하나라가 망하자 두강은 유우씨에게 도망가 주방과 곳간을 돌보는 일을 하였는데, 어느 날 곳간에 넣어둔 음식에 곰팡이가 슬어 벌을 받게 되었다고 합니다. 이때 새끼 양 한 마리가 곳간에서 흘러나온 액체를 핥아 먹고 쓰러져 버렸는데, 양이 죽은 것으로 여겨 두강이 양의 배를 가르려는 순간, 양은 아무 일 없다는 듯이 일어나 달아나 버렸습니다. 두강은 신기하여 그 액체

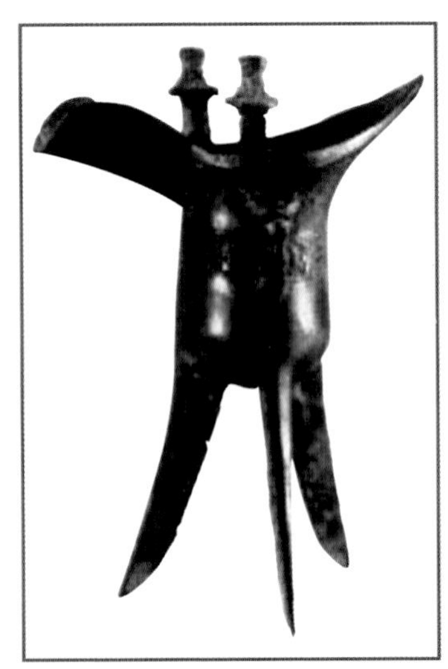

▲ 작(爵)이라 불리는 청동 술잔

의 맛을 보았는데 단맛이 났고 계속 마신 두강 역시 취하여 정신을 잃었다고 합니다. 한참 후에 깨어난 두강은 몸에 기운이 도는 것을 느꼈고, 계속 연구하여 마침내 양조 기술을 개발해 냈다고 합니다. 이에 사람들은 그를 주신酒神으로 떠받들었고, 지금도 중국에서 두강은 술을 상징하는 대명사가 되었다고 합니다.

이러한 전설로부터 시작된 중국의 술은 오랜 역사 동안 몇 단계를 거치면서 발전해 왔습니다. 우선 기원전 4000년에서 기원전 2000년 무렵까지는 중국 술의 계몽기로써 곡물을 발효시켜 술을 빚기 시작했습니다. 기원전 2000년의 하왕조부터 진나라까지는 술의 성장기로 누룩을 이용하여 술을 빚기 시작하였고, 술은 제왕과 제후 등 특정 계층의 향락품이 되었습니다. 기원전 200년의 진왕조부터 서기 1000년의 북송 시기는 중국 술의 성숙기로 황주, 과주, 약주, 포도주 같은 특색있는 술이 등장하기 시작하였고, 이 시기에 술은 민간에까지 널리 보급되었습니다. 북송시기부터 1840년의 청대 말기까지는 중국 술의 발전기로써 서역의 증류기가 중국에 유입되어 세계적으로 유명한 백주가 선을 보이게 되었습니다.

중국 술 하면 우선 높은 알코올 도수의 백주가 떠오르실 텐데요, 사실 중국의 전통주 중에는 알코올 도수가 13도 내외인 황주도 많이 있습니다.

내일 이어서 중국의 술에 대해서 살펴보겠습니다.

Day 75

소흥주와 여야홍

오늘은 중국 술의 종류에 대해 소개할까 합니다.

중국 술은 그 제조 방법에 따라 황주, 백주, 약주, 맥주의 네 가지로 구분합니다.

우선 황주는 미주米酒라고도 불리며 포도주, 맥주와 함께 양조 기술로 만든 세계 3대 술로 알려져 있습니다. 황주의 원료로는 북방에서는 수수, 좁쌀, 기장 쌀을 사용하고 남방에서는 쌀이나 찹쌀을 주로 사용합니다. 일본사람들이 즐겨 마시는 청주의 제조 과정 역시 기본적으로 황주와 비슷하다고 합니다. 황주의 도수는 대략 15도 내외이며 만든 기간이 오래될수록 그 맛과 향이 더해지며, 술의 색깔은 황색뿐만 아니라 흑색, 또는 붉은색을 띠는 것도 있습니다.

저장 성 소흥 지방에서 생산되는 소흥주紹興酒를 황주의 으뜸으로 치는데요, 소흥주는 개인의 기호에 따라 말린 매실을 넣거나 따뜻하게 데워서 마십니다. 또한, 술의 도수가 적당하여 식사를 할 때 입맛을 돋우는 술이라는 의미로 가반주加飯酒라고도 합니다.

▲ 소흥주

또한, 저장 성 소흥 지방의 민간에서는 딸을 출산하면 이를 축하하기 위하여 술을 담았고, 그 술 단지를 땅에 깊숙이 묻어두었다가 딸이 성장하여 결혼할 때 다시 파내서 손님에게 접대하는 풍습이 전해지는데요, 이렇게 땅에 묻어둔 술을 일컬어 女nǚ 兒ér 紅hóng, 즉 여아홍이라고 합니다. '女兒'는 중국어로 '딸'이라는 의미이며, '紅'은 '붉다'는 의미입니다.

대략 스무 살 정도가 되면 딸이 결혼하므로, 요즘은 20년 숙성시킨 소흥주를 여아홍이라고도 부르며 매우 고가에 판매되고 있습니다.

여러분께서도 이제 중화요릿집에서 도수가 높은 백주만 드시지 마시고, 황주, 특히 소흥주를 한번 맛보시길 바랍니다. 특유의 향에 흠뻑 취하실 겁니다.

Day 76

배갈과 고량주, 백주

오늘은 중국의 술 가운데 백주白酒에 대해서 소개할까 합니다.

가끔 중국집에 가보면 손님들끼리 배갈을 마실지, 고량주를 마실지를 놓고 고민하는 것을 볼 수 있는데요, 사실 배갈과 고량주는 모두 백주를 지칭하는 말입니다.

즉 중국의 북방 지역에서는 백주에 물이 섞이지 않고 무색임을 강조하여 백건아白乾兒라고 불렀는데, 이 명칭이 산둥 지방을 거쳐 우리나라에 오면서 배갈이 된 것입니다. 또한, 주된 재료로 수수의 중국어인 고량高粱이 사용되기 때문에 고량주高粱酒로도 불렀는데, 역시 산둥 지방을 거쳐 우리나라에 오면서 고량주로 바뀐 것입니다.

백주는 중국의 대표적인 증류주로 밀이나 보리로 만든 누룩

▲ 분주

▲ 수정방

에 수수나 쌀을 원료로 만들며 술의 도수가 40~80도 정도로 매우 독한 술입니다. 송대 무렵에 중국에 증류주가 등장한 것으로 알려져 있으며, 서역으로부터 전래된 술을 만드는 증류기의 도입은 중국의 양조 역사에서 한 획을 그은 계기가 되었습니다.

중국 서남부에 위치한 구이저우와 쓰촨은 중국에서 가장 좋은 백주를 생산하기로 유명한 지역인데요, 대표적인 백주로는 구이저우의 마오타이茅台酒와 쓰촨 성의 오량액五梁液, 그리고 산시의 분주汾酒 등이 있습니다.

특히 마오타이茅台酒는 1972년 국교 정상화를 위하여 중국을 방문한 미국의 닉슨 대통령에게 저우언라이 총리가 만찬장에서 접대했다는 일화가 전해지면서 더욱 널리 알려졌습니다. 만리장성에 올라 구운 오리구이를 먹으며 마오타이를 맛보는 것은 베이징에서 세 가지 즐거움을 한 번에 느낄 수 있는 방법이라는 말이 있을 정도로 유명합니다.

최근에서는 쓰촨 성에서 만드는 수정방水井坊이 최고급이라는 이미지를 얻어 선물용으로 많이 애용되고 있다고 합니다.

Day 77

중국의 약주와 맥주

▲ 죽엽청주

중국의 술 중에서는 마시면 몸에 좋은 술도 있다고 합니다. 이를 약주, 혹은 약미주라 부르는데요, 대략 20~40도 내외의 양조주나 증류주에 각종 동식물성 약재나 꽃과 과일 등을 넣고 담근 술을 말합니다.

중국에서는 이미 3,000년 전에 술에 향초를 넣어 빚었다는 기록이 전해지는데요, 현재는 10여 가지의 약재를 넣어 만든 산시 성의 죽엽청주와

20여 가지의 약재를 배합하여 제조한 저장 성의 오가피주가 대표적입니다.

최근에는 중국사람들도 바쁜 일상으로 독한 백주를 마시기보다는 가볍게 맥주를 한두 잔 하는 경우가 많은데요, 중국에서 가장 유명한 맥주는 1903년에 창립된 칭다오青島 맥주입니다. 맥주는 중국어로 啤pí酒jiǔ라고 하는데요, 여기서 啤pí는 영어의 Beer를 음역한 것입니다.

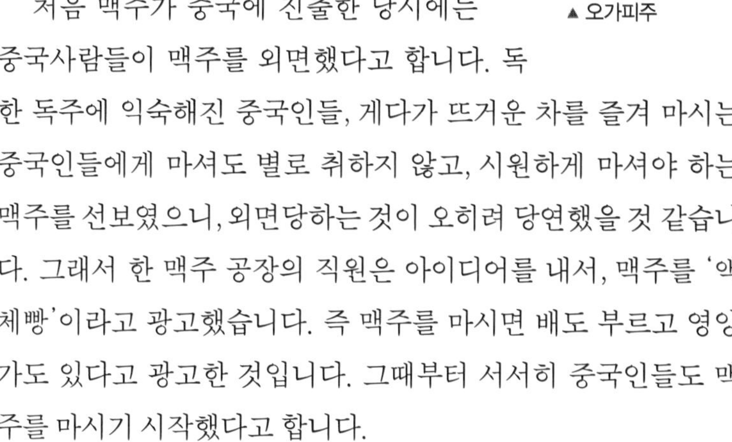

▲ 오가피주

처음 맥주가 중국에 진출한 당시에는 중국사람들이 맥주를 외면했다고 합니다. 독한 독주에 익숙해진 중국인들, 게다가 뜨거운 차를 즐겨 마시는 중국인들에게 마셔도 별로 취하지 않고, 시원하게 마셔야 하는 맥주를 선보였으니, 외면당하는 것이 오히려 당연했을 것 같습니다. 그래서 한 맥주 공장의 직원은 아이디어를 내서, 맥주를 '액체빵'이라고 광고했습니다. 즉 맥주를 마시면 배도 부르고 영양가도 있다고 광고한 것입니다. 그때부터 서서히 중국인들도 맥주를 마시기 시작했다고 합니다.

제가 1990년대 중반부터 중국에 다니기 시작했는데요, 시원한 맥주를 마실 수 있게 된 것은 불과 몇 년 전부터입니다. 식당에서도 술집에서도 늘상 미지근한 맥주를 팔더군요. 최근에 많이 바뀌기는 했지만, 그래도 여전히 중국에서 맥주를 주문하면 종업원은 미지근한 것을 드릴까요, 시원한 것을 드릴까요, 하고 물어봅니다.

여러분도 중국에서 시원한 맥주를 드시고 싶다면 무조건 '삥더冰的'라고 하시면 됩니다.

Day 78

중국의 명주

오늘은 중국인들이 일반적으로 언급하는 명주를 소개해 드리고자 합니다.

우선 茅台酒마오타이, 즉 마오타이는 다년간 좋은 품질을 유지하여 왔으며 110여 가지에 달하는 향기가 있고 마신 후의 빈 잔에도 오랫동안 향기가 남아 있다고 합니다. 술의 도수는 52~54도를 유지하며 일곱 달 주기로 생산해 낸 술은 4년 이상 창고에 저장한 뒤 맛을 보고 포장하여 판매합니다.

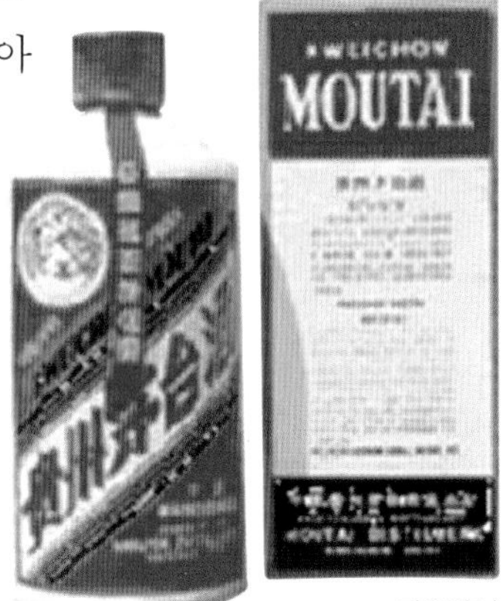

▲ 마오타이

저우언라이 총리가 1972년 중국을 방문한 미국의 닉슨 대통령에게 접대하였는데 닉슨 대통령이 그 맛에 반했다고 하며, 북한의 김일성도 생전에 마오타이를 응접실에 비치해 두고 자주 마셨다고 하여 '정치주'라고도 부릅니다.

마오타이는 전설이 하나 있는데요, 옛날 구이저우 성 마오타이촌에 가난한 노인이 살고 있었는데, 어느 추운 겨울날 남루한 차림의 아가씨가 그의 집에 찾아왔고, 노인은 얼른 따뜻한 방으로 아가씨를 데려가 음식과 함께 남아 있던 소주를 내왔다고 합니다. 그날 저녁 노인은 이 아가씨가 선녀로 변해 미소를 지으며 술잔을 들고 와서 집 앞 백양나무 아래에 뿌리는 꿈을 꾸었습니다. 다음날 노인이 그곳에 우물을 팠더니 물이 유난히 맑아 노인은 그 물로 마오타이를 빚었다고 합니다. 오늘날 세계 각지로 팔려나가는 마오타이의 포장에 선녀가 술잔을 들고 있는 그림은 이러한 전설에 근거한 것이며, 술병 목에 매여 있는 두 줄의 붉은 띠는 당시 선녀가 허리에 매고 있던 술병을 본뜬 것이라고 합니다.

▼ 오량액

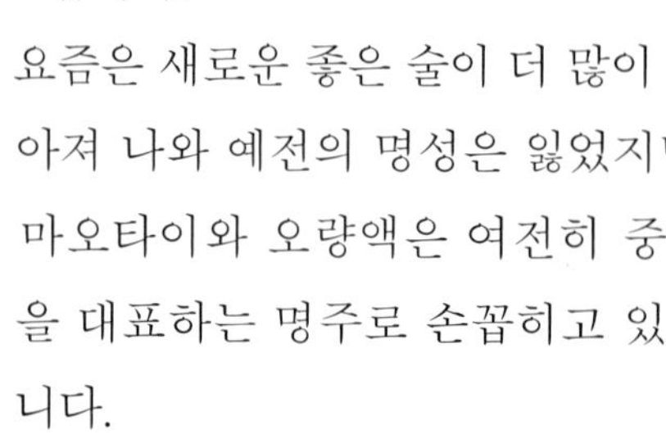

오량액, 즉 五粱液wǔliángyè은 쓰촨 성을 대표하는 명주로, 다섯 종의 곡식, 즉 수수, 입쌀, 주미, 밀, 옥수수를 원료로 하여 술을 빚었기 때문에 다섯 '五'자를 써서 오량액이라고 합니다.

요즘은 새로운 좋은 술이 더 많이 쏟아져 나와 예전의 명성은 잃었지만, 마오타이와 오량액은 여전히 중국을 대표하는 명주로 손꼽히고 있습니다.

Day
79

중국인의 주도

중국인들은 전통적으로 "술이 없으면 예를 다하지 못한다."고 하여 제사, 명절, 손님 접대, 축하 연회 등 모든 행사에 술을 빠트리지 않았다고 합니다. 또 "술은 모든 약의 으뜸이다", "술은 하늘이 내려준 아름다운 상이다"라는 말들은 중국인들이 얼마나 술을 좋아하는지를 단적으로 표현해 줍니다. 중국인들의 술자리는 주흥이 무르익을수록 왁자지껄해지는 것이 일반적이지만 무질서해 보이는 술자리에서도 반드시 지켜야 하는 예절이 있습니다.

우리나라 사람들은 술자리에서 자기 잔을 상대방에게 주고 술로 채움으로써 마음을 전하는 관습이 있지만, 중국사람들은 술잔을 바꾸어 마시지 않습니다. 또 우리나라에서는 술잔을 완전히 비우기 전까지는 다시 채우지 않지만, 중국에서는 상대방의 잔에 계속 첨잔을 하는 것이 예의입니다. 술잔에 술을 가득 따르는 것은 상대방을 존경한다는 뜻이고, 윗사람이 먼저 따르도록 하는 것이 예의입니다. 상대가 술을 권하는데 거절하면 무시하는 의미가 되므로 부득이하게 마시지 못할 경우에는 사전에 이야기하거나 동료에게 대신 마셔 달라고 부탁하는 것이 좋습니다. 술잔을 부딪칠 때는 항상 자리에서 일어나 오른손으로 가볍게 잔을 들고 상대방이 자기보다 윗사람일 경우에는 상대방 술잔보다 약간 낮은 위치에서 부딪치는 것이 좋습니다.

또한 잔을 부딪힌 후에는 깐뻬이[干杯; gānbēi], 즉 건배를 하는 것이 예의인데요, 마신 후에는 술잔을 들어 상대방에게 다 마셨다는 것을 보여줍니다. 만약 깐뻬이, 즉 술잔의 술을 한번에 다 마실 수 없다면 쑤[隨; suí]에이[意; yì]라고 외치면 됩니다.

여러분, 깐뻬이보다는 쑤에이를 외우셔서 가급적 절주하시기 바랍니다.

중국 문화
다양한 이야기

Day 80

경극과 패왕별희

저는 중국의 영화 하면 경극과 관련된 「패왕별희」가 가장 먼저 떠오릅니다.

「패왕별희」는 초패왕과 그의 연인 우미인과의 비극적인 사랑을 담은 고사로, 패왕별희란 패왕인 항우와 우미인의 이별이란 의미를 가집니다. 우리에게는 1993년 첸카이커가 감독을 맡고 장국영이 주연을 맡았던 영화 「패왕별희」가 친숙합니다. 영화 「패왕별희」는 세상을 향하여 중국의 경극을 널리 알리고, 급변하던 20세기 중반의 중국 모습을 사실적으로 그렸다는 극찬을 받기도 했습니다.

▲ 「패왕별희」의 초패왕과 우미인

경극, 즉 베이징 오페라는 사실 17세기 중

▲ 메이란팡

▲ 메이란팡과 찰리채플린

반 창장 강 중하류 지역에서 성행하던 안휘희반이 연출한 화부에 기원을 두고 있습니다. 1790년 삼경반의 건륭제乾隆帝 팔순연회 경축공연을 시작으로 사희, 춘태, 화춘 등의 휘반이 축하연을 위해서 베이징에 들어갔고, 이들 휘반들은 행사가 끝난 뒤에 귀향하지 않고 베이징에 남아 민간 공연을 진행했는데, 이러한 것들은 경극이 발전하는 토대가 됩니다. 즉 휘반이 가지고 있던 풍부하고 특색있는 곡조와 주제, 통속적인 대본과 독특한 무술기예, 여기에 여타 희곡의 장점만을 받아들인 배우들의 명연기와 노력으로 오륙십 년의 변화 발전을 거치면서 마침내 경극이 탄생한 것입니다. 이후 경극은 황실을 포함하여 신분 제약 없이 누구나 즐기는 중국의 가장 대중적인 예술로 자리 잡습니다. 또한, 1919년 명배우 메이란팡梅蘭芳이 이끄는 공연단의 일본 공연을 시작으로 점차 국제적인 주목을 받게 되었습니다.

메이란팡은 남성이었지만 경극에서 매우 자연스럽고 아름다운 여성 역할을 연기하여 관객들을 매료시켰고, 이후 미국과 유럽 등지로 진출하여 경극을 세계무대로 진출시키는 계기를 마련하였습니다. 특히 미국의 찰리 채플린이 그의 연기를 매우 극찬했다고 합니다.

혹시 「패왕별희」를 아직 안 보셨다면 이번 주말엔 이 영화를 꼭 보시기 바랍니다.

Day 81

경극의 분장 — 검보

경극하면 가장 먼저 떠오르는 것이 아마도 연기자 얼굴에 각종 빛깔로 칠해져 있는 형형색색의 분장일 것입니다. 얼핏 보기에는 가면처럼 보이지만, 실제로는 기름을 섞어 붓으로 직접 그린 것입니다. 이처럼 경극에 등장하는 인물에 맞게 정해진 색깔로 얼굴에 그리는 특정한 도안을 '검보'라고 하는데요, 검보의 종류는 수천 가지에 이르며 각각의 검보마다 서로 다른 함의를 내포하고 있습니다. 검보에 사용하는 기본색은 검정, 빨강 그리고 흰색을 위주로 하며 일반적으로 경극의 주요 배역 중 정과 축에 해당하는 인물에 검보를 많이 그립니다. 검보를 통해서 관객은 등장인물의 개성을 파악할 수 있는데요, 예를 들어 붉은색 얼굴

▲ (위쪽 왼쪽부터)
관우, 조조,
포청천

은 충직함을, 검은색은 호방함을, 파란색은 용맹함을, 흰색은 간사함을, 그리고 얼굴 중앙만 하얗게 분장한 것은 아첨하는 천한 사람임을 나타냅니다. 그래서 경극에 등장하는 관우는 붉은색으로, 포청천은 검은색으로, 조조는 흰색으로 얼굴을 분장합니다.

경극에 등장하는 인물은 그 성별과 성격에 따라 생단정축生旦淨丑이라는 네 개의 기본 배역으로 구분되는데요, 먼저 생은 성년의 남성 배역으로, 나이와 기질에 따라 노생, 무생, 소생 등으로 구분합니다.

단은 여성 배역의 총칭으로 청의, 화단, 무단, 호삼 노단, 채단 등이 있는데, 전통 중국 사회에서는 여성 배역도 남성 배우가 전담했었다고 합니다.

정은 얼굴에 여러 가지 물감으로 화려하게 분장한 배역으로, 성격이 거칠고 호방하며 큰 소리로 말하기를 좋아하고 급하면 무공을 쓰기도 합니다.

축은 주인공을 돋보이게 하는 보조 역할이지만, 축이 없으면 극이 이루어지지 않는다는 말이 있을 정도로 극에서 중요한 역할을 합니다.

▲ (왼쪽부터)
생, 단

▲ (왼쪽부터)
정, 축

Day
82

경극, 아는 만큼 보인다

중국인들은 경극에 대해서 애기할 때 흔히들 "아는 만큼 보인다"는 표현을 자주 합니다. 왜냐하면 경극의 가장 큰 특징이 바로 '사의寫意표현'이기 때문입니다. 사의표현이란 배우와 관객 사이에 여러 가지 약속이 미리 되어 있는 상태에서 극이 진행되는 것으로, 예를 들어 무대 위에는 아무것도 없지만, 배우가 보폭을 크게 하고 양손으로 무언가를 펼치는 시늉을 하면 이는 배우가 큰 집의 대문을 열고 들어가는 것을 의미하고, 무대 위에는 말 한 필 등장하지 않지만, 배우가 깃발을 들고 무대를 뛰어다니면 이는 배우가 수백의 기마 군대를 이끌고 있음을 의미합니다.

또한, 실제로는 창문이 없지만, 문을 닫고 여는 동작을 통하여

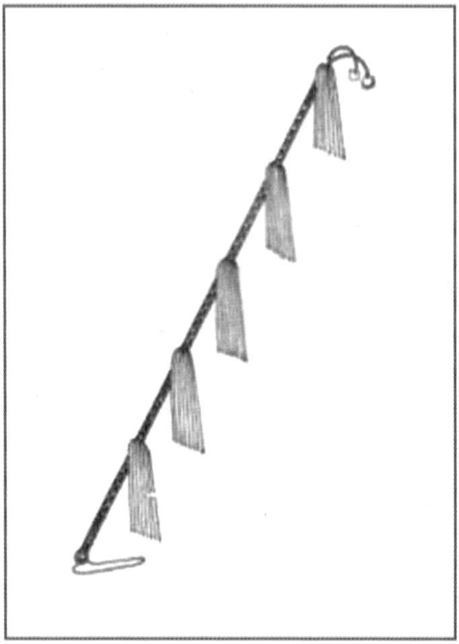

◀ 깃발. 군사를 통솔하는 의미로 쓰임.

문이 있다는 것을 나타내며 계단을 오르거나 배를 타거나 하는 등의 가상 동작을 간단한 상징적 도구만을 사용하여 표현하고자 하는 내용의 의미만을 전달합니다. 이렇듯 동작 하나하나에 약속이 되어 있기 때문에 경극은 '아는 만큼 보인다'고 표현하는 것입니다.

경극의 표현기법은 크게 창唱, 념念, 주做, 타打의 네 가지로 구분되는데요, 창은 노래로, 서양의 오페라와 달리 경극의 노래는 음역에 따라 구분하지 않고 극 중 등장인물의 성별, 연령, 신분, 지위, 성격 및 음색과 창법에 따라 서로 다른 배역을 나누어 연출합니다.

▲ 말에서 떨어지는 장면

념은 등장인물의 대사로 경극에서 사건을 설명하고 풀어내는 서사의 역할을 합니다. 대사로 상황에 맞는 정서를 표현하는 것은 노래보다 더욱 어려워 많은 훈련과 노력이 필요합니다.

주는 몸동작이고 타는 무예 동작입니다. 이는 모두 배우의 신체 동작을 이용하여 인물과 상황을 연출해 내는 것입니다. 오페라와 달리 경극에는 구체적이고 사실적인 도구가 사용되지 않기 때문에 배우는 신체 언어를 통하여 변화무쌍한 인물의 심리 상태를 표현해야 합니다.

'아는 만큼 보인다'는 중국의 경극, 여러분도 한 번 도전해 보시기 바랍니다.

Day 83

중국인들의 금기

오늘은 중국인들의 금기사항에 대해서 소개하겠습니다.

즉, 중국인들에게 써서는 안 되는 말, 직접 말하지 않고 돌려서 표현해야 하는 말, 주고받으면 안 되는 물건 등이 있는데요, 이러한 것들은 중국 문화의 특이한 현상 중 하나로, 중국인들과의 실제 교류에 있어서 반드시 알아야 할 금기입니다.

그러나 중국 속담 중에 십 리마다 풍습이 다르고 백 리마다 풍속이 다르다라는 말이 있듯이 중국인들이 일상생활 속에 존재하는 금기의 종류는 천태만상이며, 또한 종족에 따라 지역에 따라 연령에 따라 매우 다양하게 존재하기 때문에 모든 금기사항을 정확하게 정리하기란 그리 쉬운 일이 아닙니다.

우선 중국인들은 해음諧音현상에 의한 금기가 상당히 많습니다. 예를 들면 죽을 사死와 넉 사四의 발음이 같기 때문에 넉 사四를 얘기할 때 '죽음'이란 이미지를 연상하는 현상이 바로 해음현상입니다.

중국어에는 이처럼 발음이 유사하여 생겨난 해음현상이 많은데요, 이는 중국어에 동일한 발음을 갖는 글자가 너무 많기 때문입니다. 즉 현존하는 한자 중에서 즐겨 사용하는 한자는 4,500자 정도인데요, 중국에는 약 400여 개의 음절만이 있으므로 글자는 다르지만, 발음이 같은 글자가 많을 수밖에 없습니다.

해음현상에 의한 금기사항의 예를 한 가지 들자면, 중국인들에게 과일을 선물할 때 가급적 배는 선물하지 않는 것이 좋습니다.

왜냐하면, 중국어로 배는 리梨;lí라고 하는데, 이때 리의 발음이 이별하다의 리離;lí와 같기 때문입니다. 대신 사과는 선물하기 좋은 과일인데요, 이는 사과의 중국어인 핑구어苹果;píngguǒ에서 苹píng의 발음이 평안하다는 뜻의 핑안平安의 핑平;píng과 같기 때문입니다.

내일 계속해서 해음에 의한 금기에 대해서 살펴보겠습니다.

Day 84

해음에 의한 금기

오늘은 계속해서 해음에 의한 중국인들의 금기사항에 대해서 소개할까 합니다.

부부나 연인 사이에서는 배를 갈라 먹지 않는 금기가 있습니다. 왜냐하면, '배를 쪼개다'라는 의미의 중국어인 분(分;fēn) 리(梨;lí)의 발음이 '헤어지다'라는 의미의 분(分;fēn) 리(離;lí)와 같기 때문입니다.

또한, 선물을 할 때 탁상시계나 괘종시계는 피하는 것이 좋습니다. 왜냐하면 시계를 선물하는 것을 送(sòng) 鍾(zhōng)이라고 하는데, 이 발음은 '임종을 지키다'라는 의미의 송종(送終;sòng zhōng)과 발음이 같기 때문입니다. 단 손목시계는 연상되는 금기사항이 없

으므로 선물로 주고받아도 무방합니다. 우리나라의 경우, 친한 누군가가 새로 가게를 오픈하면 괘종시계를 선물하기도 하는데요, 중국에서는 이 같은 일이 거의 없습니다.

또한, 선물을 할 때 우산도 가급적 피하는 것이 좋습니다. 왜냐하면, 우산을 뜻하는 雨[yù] 傘[sǎn]에서 傘[sǎn]의 중국어 발음이 '흩어지다'라는 의미의 散[sǎn]과 같기 때문입니다. 우리는 결혼식 선물로도 우산을 많이 주고받는데요, 중국에서 만약 결혼식에 우산을 선물로 주면 아마 많은 사람이 의아하게 생각할 것입니다.

숫자 중에서도 해음현상에 의하여 좋아하는 숫자와 싫어하는 숫자가 있는데요, 좋아하는 숫자를 살펴보면, 우선 숫자 6을 좋아합니다. 6六; liù은 순탄하게 흐르는 물의 이미지를 떠올리게 되는 흐를 유流의 발음 liú와 같기 때문입니다. 일부 젊은이들은 모든 일이 뜻대로 순조롭게 이루어지기를 바라는 마음에 결혼 날짜를 16일, 26일처럼 6이 들어간 날짜를 택하기도 합니다.

만약 음력과 양력이 모두 6을 포함하고 있다면, 즉 양력 6월 6일이 음력 5월 16일이라면 이날은 대단한 길일이며, 많은 젊은이들이 이날 결혼을 합니다.

서양에서 6을 좋지 않은 숫자로 여기는 것과는 매우 대조적인 것 같습니다.

Day
85

중국인들이 좋아하는 숫자 (1)

여러분은 숫자 중에서 어느 숫자를 가장 좋아하십니까. 중국인들은 숫자 중에서 8을 가장 좋아하는 것 같습니다. 그 이유는 숫자 8bā의 중국어 발음이 發fā 財cái, 즉 '돈을 벌다'에서의 發fā와 비슷하기 때문입니다.

물론 현대 중국어에서 숫자 8은 八bā이고, '돈을 벌다'의 發은 fa로 발음이 조금 다른데요, 광둥 방언에는 입성이 살아있기 때문에 發fā을 fat로 발음하며, 따라서 숫자 8과 '돈을 벌다'의 fa 발음이 비슷합니다. 1980년

▲ 홍콩에서는 '發財'라는 표어를 흔히 볼 수 있다.

대 중국의 개혁개방 정책으로 가장 먼저 큰돈을 벌기 시작한 광둥 사람들이 전국을 돌아다니면서 8에 대한 광둥인들의 믿음이 이제는 모든 중국인의 바람이 된 것입니다.

숫자 8에 대한 중국인들의 선호는 우리의 예상을 훨씬 뛰어넘는데요, 예를 들어 8자로 계속되는 전화번호나 휴대전화기 번호, 자동차 번호 등에 엄청난 프리미엄이 붙는 것은 물론이고, 888원 등 8원으로 끝나는 가격표도 흔히 볼 수 있습니다.

선양 시沈阳市의 어떤 공장은 30만 위안, 즉 우리 돈 5천4백만 원을 주고 전화번호를 888-8888로 구입했는데요, 호기심에 가득 찬 시민들의 전화가 끊임없이 걸려오면서 30만 위안의 몇 배에 달하는 광고 효과를 거뒀다는 이야기도 있습니다.

상하이 유명 호텔의 전화번호들을 보면, 신금강新錦江 호텔이 6415-8888, 푸둥 샹그릴라香格里拉 호텔이 6882-8888, 리츠칼튼 호텔이 6279-8888 등입니다.

또한, 베이징과 상하이의 전화 가입자 수가 증폭되면서 기존 세 자리 국번을 네 자리로 변경했는데, 베이징의 경우 기존 국번에 8을, 상하이의 경우 기존 국번에 6을 더했습니다. 이 역시 중국인들이 숫자 중에서 8과 6을 선호한다는 것을 나타내주는 것입니다.

▲ 끝번호가 8888로 끝나는 자동차

Day 86

중국인들이 좋아하는 숫자 (2)

중국인들은 숫자 8과 6 외에도 숫자 9를 좋아합니다. 이유는 9의 중국어 발음이 '길다, 장수한다' 등의 뜻을 가진 久jiǔ와 같기 때문입니다.

9는 특히 봉건시대 제왕들이 자신의 만수무강과 왕조의 무궁한 번창을 바라는 마음에서도 선호했으며, 역대 황제들은 천자를 상징하는 용 아홉 마리가 그려진 구룡포를 입었습니다.

▲ 구룡포

자금성에는 문이 9개이며, 그 문에 박혀 있는 못도 가로세로 9개씩이고 궁전의 계단도 9 또는 9의 배수로 이루어져 있습니다.

▲ 자금성

그리고 자금성 안의 방은 모두 9999와 1/4칸입니다.

재미있는 것은 중국에서는 핸드폰 번호도 돈을 내고 좋은 번호를 구입할 수 있는데요, 좋은 번호를 얻기 위해서는 우리의 상상보다 훨씬 많은 돈을 내야 합니다. 예를 들어 베이징의 최대 번화가인 왕푸징王府井의 한 휴대폰 가게에서는 끝자리 8888의 가격을 무려 38만 위안, 즉 한국 돈 6천8백만 원으로 책정했고, 끝자리 9999의 가격은 28만 위안에 내놓았습니다. 8이 9보다 비싸다는 것은 오래 사는 것보다는 부자가 되는 것을 더 선호하는 중국인의 속내를 드러낸 것이라고 보입니다.

해음현상에 의하여 싫어하는 숫자도 있는데요, 가장 대표적인 것으로는 숫자 4가 있습니다. 이는 죽음을 의미하는 죽을 사死와 발음이 같기 때문인데요, 광저우와 선전 등지에서는 새로 출

고되는 자동차 번호판에서 끝자리 수가 4인 차를 찾아볼 수 없다고 합니다. 왜냐하면, 번호판 끝자리 수에서 '4'를 아예 없애버렸기 때문입니다. 광둥 성, 푸젠福建 성 등의 지역에서는 병원에 4호 병실을 두지 않고, 버스에도 4번이 없으며, 4층이 아예 없는 빌딩도 있다고 합니다.

우리도 가끔 엘리베이터에 숫자 4 대신 F라고 적혀져 있는 경우가 있는데요, 이는 아마 비슷한 미신에서 비롯된 것 같습니다.

Day 87

중국인들이 싫어하는 숫자

오늘은 중국인들이 유독 싫어하는 숫자에 대해서 소개하겠습니다.

▼ 맹자

우선 중국 속담 중에 "73세와 84세에 염라대왕이 당신을 불러서 의논 좀 하자고 한다"라는 말이 있습니다. 73과 84는 각각 공자와 맹자가 죽은 나이인데요, 공자와 맹자 같은 성현도 그 나이에 죽었는데 일반 사람들은 더욱이 그 나이를 넘기기 어려울 것이라는 생각에서 이 숫자를 싫어한다고 합니다.

또한, 중국인들은 45세가 되면 나이를 말할 때 "작년에 44살이었다." 또는 "내년이면 46세다."라고 즐겨 말하는데요, 이는 판관 포청천이 45세에 사건 해결을 위해 거짓으로 죽었기 때문이라고 합니다. 즉 45세에 큰 어려움을 당할 수 있다는 미신 때문에 나이를 말할 때 45세라고 말하기를 꺼립니다.

또한, 숫자 4를 죽을 사와 발음이 같다고 하여 싫어할 뿐만 아니라 14와 24도 싫어합니다. 우선 숫자 十四, 즉 14는 '실제로 죽다'라는 의미를 지닌 중국어 實shí 死sǐ와 발음이 같고, 二十四, 즉 24는 '아이가 죽는다'라는 의미를 지닌 중국어 兒ér 子zi 死sǐ와 발음이 비슷하기 때문입니다.

중국인들의 이 같은 해음현상에 의한 금기는 그 역사가 매우 오래된 것으로, 처음 서주 시기부터 생겨났다고 합니다. 즉 '피휘避諱'라고 하여 말을 주고받을 때 특정 글자를 쓰지 않았는데요, 그 시작은 죽은 사람의 이름을 일상생활에서 써서는 안 된다는 것에서 시작되었다고 합니다. 유학이 정비된 한나라 때에는 죽은 사람뿐만 아니라 지위가 높은 사람들의 이름 역시 생전에는 부르거나 써서는 안 되는 것으로 점차 엄격해졌고, 학문과 직위가 아무리 높다고 하더라도 글을 쓸 때 자칫 잘못하여 피휘를 어기면 귀향을 가거나 목숨을 잃기도 하였습니다.

특정 글자를 쓰지 않고 피한다는 것이 그리 간단한 일은 아니었을 것 같습니다.

Day
88

중국의 문화 정책 (1)

오늘은 중국의 문화정책에 대해서 살펴보고자 합니다.

20세기 후반, 소련과 동유럽 사회주의 국가들의 몰락은 '사회주의의 실패'를 입증하는 것 같았으나 중국은 중국 특색사회주의라는 덩샤오핑 이론의 영도 아래 30여 년의 개혁개방을 거쳐 세계를 깜짝 놀라게 할 정도로 비약적인 경제성장을 이루었습니다. 즉 30여 년의 개혁개방을 통하여 낡은 사회주의 계획경제 체제를 극복하고 새로운 사회주의 시장경제의 틀을 마련한 것입니다. 이러한 틀 아래 중국은 빠른 속도의 경제성장과 현대화를 실현하였고, 이를 바탕으로 오늘날 G2 시대의 주인공이 되었습니다.

국민들 역시 경제적인 발전에 힘입어 물질적인 풍요를 맛보았고, 이에 따라 보다 고급화된 문화에 대한 갈망이 늘어나는 추세입니다. 이를 반영하듯 중국에서는 현재 각종 문화 시장이 급격하게 증대되고 있고 다양한 문화 사업 역시 신속하게 발전하고 있습니다.

문화정책이란, 쉽게 말해서 법률이나 법규, 행동 규정이나 명령, 국가지도자의 구두나 서면 지시, 그리고 정부의 구체적인 행동 방안 및 이와 관련된 정책 등으로 인하여 일정한 문화 목표를 달성하기 위한 행동 준칙입니다.

▲ 마오쩌둥

우선, 마오쩌둥 시대의 문화정책을 살펴보면, 마오쩌둥은 혁명전쟁과 계급투쟁을 통하여 신중국을 건립하는 과정에서 역사와 사회 변화의 핵심적 요인을 계급 투쟁이라고 전제하였습니다.

이어 중화인민공화국 건국 이후에도 이러한 노선은 변화 없이 수용되어 '무산계급 독재하에서의 계속 혁명론'을 강조하였으며, 결국 10년 동안 문화대혁명을 일으키는 장본인이 되었습니다.

▶ 홍위병 시절의 마오쩌둥

이 시기 중국의 문화는 정치의 시녀로 전락하였고, 모든 낡은 것을 타파하는 분위기가 조성되었습니다.

▲ 문화대혁명 때 모든 봉건 잔재를 불태우는 장면

▲ 문화대혁명 기간 중 많은 귀중한 문화재들이 불태워지거나 훼손되었다.

◀ 문화대혁명 때 사용했던 깃발. "무산계급 문화대혁명 만세"라고 씌어 있다.

Day 89

중국의 문화 정책 (2)

마오쩌둥 시대에 진행된 문화의 정치 도구화는 중국 인민들의 다양한 문화적 수요를 억압하였고, 문화계의 많은 지식인은 문화 창조의 의욕을 잃게 되었습니다. 특히 문화대혁명 10년 동안 중국의 문화는 더욱 정치 투쟁의 도구로 전락하였으며, 무수히 많은 문화계 인사들이 정치 탄압을 받았습니다. 이들에 의하여 창작된 문학 예술작품들은 인민들의 정신을 갉아먹는 것으로 비난받았습니다.

그 결과 중국은 그야말로 문화의 사막 지대로 변모하였습니다.

덩샤오핑은 개국 전 마오쩌둥과 사상을 같이 한 충실한 동지

▲ 덩샤오핑

였으나 신중국 건국 이후 덩샤오핑은 마오쩌둥과 서로 다른 정치관을 가지고 있었고, 특히 사회 발전과 역사 변화의 동력에 대해서는 상당한 차이점을 보여주고 있었습니다.

'흑묘백묘론'으로 상징되는 덩샤오핑의 실용주의적 경제관으로 인하여 덩샤오핑은 결국 수정주의 분자로 지목당해 숙청을 당하게 되었으나 1976년 마오쩌둥이 사망한 후 복권되면서 덩샤오핑은 자신의 이론을 실천에 옮기기 시작하였습니다.

특히 1979년 10월, 중국문예일군 제4차 대표대회가 베이징에서 개최되었는데, 덩샤오핑은 이 자리에서 "문예가 정치에 종속된다는 구호를 앞으로는 더 이상 제기하지 않는다"고 명확히 밝힌 뒤, "문예 사업에 대한 당의 지도는 결코 명령이나 지시를 내리는 것이 아니며, 문학예술이 정치에 종속될 것을 요구하는 것이 아니라 문학예술의 특징과 발전 법칙에 따라 인민들이 문학예술을 끊임없이 발전시키고 수준을 향상시켜 위대한 중국 인민과 위대한 시대에 부끄럽지 않은 우수한 문학예술 작품들을 창작할 수 있는 조건을 마련해 주는 것"이라고 천명하였습니다.

이렇듯 덩샤오핑은 중국 문예의 부흥을 위하여 적극적인 정치 환경과 사회적 조건을 적극적으로 마련해 주었는바, 문화와 정치가 분리되기 시작한 첫 단계이며, 중국 문화 정책의 중요한 전환점이 되었습니다.

Day 90

중국의 문화 정책 (3)

1989년 톈안먼天安門 사태 이후 총서기가 된 장쩌민은 덩샤오핑 시대를 계승하였습니다. 특히 주목되는 것은 기존 '반 전통'의 문화 이념이 서서히 퇴조해 가고, 대신 중국의 전통문화에 대한 긍정과 그에 따라 민족주의, 애국주의가 대중적으로 확산되어 갔다는 점입니다.

이러한 배경에는 덩샤오핑 시대의 개혁개방 이후 중국이 이룩한 급속한 경제성장, 그리고 이에 따른 자부심을 바탕으로 한 중화 민족의 문화적 정체성을 주

◀ 장쩌민

장하려는 심리도 주된 요인으로 작용했다고 볼 수 있습니다.

전통문화사상의 복귀 현상은 2000년 이후 후진타오 시대에도 명확하게 확산하였습니다. 이는 곧 공자의 부활로 상징되는데요, 1919년을 기점으로 타도의 대상이 되었던 공자, 1949년 신중국 성립 이후 봉건잔재 제1호였던 공자가 다시 중국의 성인으로 부활한 것입니다.

▲ 공자

시진핑 시대의 문화정책은 아직 뚜렷하게 드러나지 않고 있으나 후진타오의 문화정책과 크게 다르지 않을 것이라는 전망입니다.

▲ 후진타오

▲ 시진핑

여러분, 지난 90일간 우리는 문화로 중국을 보았습니다. 즐겁고 유익하셨는지 궁금합니다. G2시대를 살아가는 우리는 중국을, 중국사람을, 중국 문화를 이해해야 합니다.

왜냐하면, 중국은 더 이상 호기심의 대상이 아니며 우리가 얕볼 수 있는 나라도 아니기 때문입니다.

아무쪼록 이 책이 여러분이 중국의 문화를 이해하는 데 미력하나마 도움이 되었기를 희망합니다.

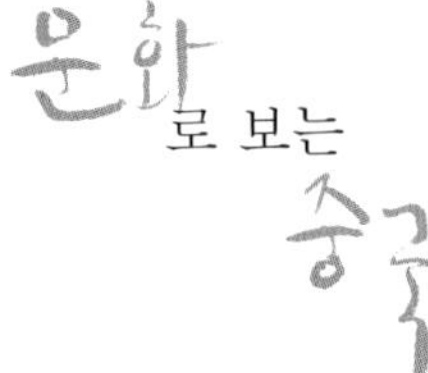

초판 1쇄 발행일 2014년 8월 18일
초판 2쇄 발행일 2014년 9월 3일
초판 3쇄 발행일 2018년 2월 20일

지은이 윤창준
펴낸이 박영희
편집 배정옥·유태선
디자인 김미령·박희경
인쇄·제본 AP프린팅
펴낸곳 도서출판 어문학사
서울특별시 도봉구 쌍문동 523-21 나너울 카운티 1층
대표전화: 02-998-0094/편집부1: 02-998-2267, 편집부2: 02-998-2269
홈페이지: www.amhbook.com
트위터: @with_amhbook
블로그: 네이버 http://blog.naver.com/amhbook
다음 http://blog.daum.net/amhbook
e-mail: am@amhbook.com
등록: 2004년 7월 26일 제2009-2호

ISBN 978-89-6184-345-4 03910
정가 17,000원

이 도서의 국립중앙도서관 출판시도서목록(CIP)은 e-CIP홈페이지(http://www.nl.go.kr/ecip)와 국가자료공동목록시스템(http://www.nl.go.kr/kolisnet)에서 이용하실 수 있습니다.
(CIP제어번호: CIP2014021875)

※잘못 만들어진 책은 교환해 드립니다.